Die Kunst Der
VERGEBUNG

Die Kunst Der
VERGEBUNG

Ein praktischer Leitfaden zur Selbstheilung und
zur Überwindung vergangener Traumata

BY

KURT GASSNER

My-mindguide.com

Die Kunst Der Vergebung
Kurt Gassner

Impressum
My-mindguide – The publishing trademarke of trendguide Capital
GmbH, Klenzestr. 42a, 80469 Munich, Germany.

Reg. Nr. HRB Munich 206639, VAT 152 123 159, CEO: Kurt
Friedrich Gassner
Web: www.my-mindguide.com, mail: gassner@my-mindguide.com

Paperback ISBN: 978-3-949978-21-0
Ebook ISBN: 978-3-949978-23-4
Hardback ISBN: 978-3-949978-22-7

Inhaltsverzeichnis

DIE KUNST DER VERGEBUNG

Jemandem zu vergeben, ist schwieriger getan als gesagt. Zum Glück gibt es Techniken, die einem bei der Kunst der Vergebung helfen können.

Es wird oft gesagt, dass man jemanden nicht zwingen kann, zu vergeben. Weniger häufig wird gesagt, dass man niemanden dazu bringen kann, zu vergeben. Vergebung ist ein Prozess, und zwar einer, der häufig schwer fassbar ist. Wir alle hatten schon einmal jemanden, der uns unrecht getan hat. Gelegentlich trägt eine Entschuldigung dazu bei, unsere Wut und unseren Schmerz zu lindern. Gelegentlich finden wir Verständnis im Rechtssystem, wenn es uns dabei hilft, Gerechtigkeit herrschen zu lassen. In anderen Situationen wird unsere Empörung über Verbrechen, die gegen uns begangen wurden, durch das Fehlen einer Entschuldigung oder dem Versagen der gesetzlichen Gerechtigkeit verstärkt, was es viel schwieriger macht, Vergebung zu erreichen.

Shakespeare vermittelte diese Einsicht:

„In der Vergebung wird uns vergeben",
was eine noch ältere Redewendung im Vaterunser widerspiegelt:

„Und vergib uns unsere Schuld, wie auch wir vergeben unseren Schuldigern. "

Ein weiterer scharfsinniger Diskurs über Vergebung, der mir im Gedächtnis geblieben ist, kam von einer unterschätzten, intelligenten Frau. Von der verstorbenen Tammy Faye Baker, der Ex-Frau des von Skandalen geplagten Evangelisten Jim Baker.

Tammy Faye war eine Frau, die enorm unter ihrem Ex-Mann, ihrer Gemeinde, der Presse und der Öffentlichkeit gelitten hat. In einem biografischen Dokumentarfilm mit dem Titel *The Eyes of Tammy Faye* spricht sie über Vergebung und den Schaden, den ein Mangel an dieser verursacht. Auf ihre eigentümliche poetische Art erklärt Baker,

„dass das Hegen eines Grolls dem Herumschleppen einer schwere Leiche voller Maden gleicht. Es schadet der Person, auf die sich das Ressentiment richtet, nicht; vielmehr infiziert und macht es denjenigen krank, der diese Last trägt"

Die Mehrheit der Geistlichen und geistlichen Führern bis hin zu Philosophen und Psychotherapeuten glaubt, dass das Hegen von Böswilligkeit gegenüber anderen Unzufriedenheit im Besitzer dieser Gefühle hervorruft. Allerdings können nur wenige dieser Fachleute eine Anleitung zum wirklichen Vergeben aushändigen. Einige Menschen glauben fälschlicherweise, dass sie ihre hasserfüllten Gefühle einfach aufgeben müssen. Dieses Sprichwort erinnert an ein anderes: „Leichter gesagt als getan."

Wenn Leute erfahren, dass ich um Geld betrogen wurde, oder dass bei mir viele Male eingebrochen wurde oder dass andere versucht haben, mir das zu nehmen, was legal mir gehört, dann werde ich häufig gefragt, wie ich es geschafft habe, nicht aufzugeben.

Da die Alternative zur Vergebung dieses Unrechts Groll oder Zusammenbruch ist, musste ich Wege finden, meine geistige Gesundheit zu bewahren und weiterzuleben. Nur so konnte ich im Leben gedeihen. Deshalb helfe ich Menschen, die misshandelt und missbraucht wurden, damit sie die Räder der Vergebung in Gang setzen können.

Versetzen Sie sich in die Lage des Übeltäters. Höchstwahrscheinlich wurde die Person in der Vergangenheit misshandelt und belogen, oder sie könnte eine physiologische Krankheit haben, die zu ihrer Abwärtsspirale beigetragen hat. Einerseits kommen Liebe, Ehrlichkeit und Freundlichkeit aus einem reinen Herzen; auf der anderen Seite stammen Hass, Täuschung und Böses aus einem dunklen und gebrochenen Herzen. Versuchen Sie, sich in den Übeltäter und seine Krankheit hineinzuversetzen; dies macht deren Handlungen zwar nicht ethisch, lindert jedoch das Gefühl, dass ihre Handlungen für Sie bestimmt waren.

Konzentrieren Sie sich auf sich selbst. Konzentrieren Sie sich auf die positiven Aspekte der Vergebung für sich selbst statt für den Täter, wenn Sie den Gedanken nicht ertragen können, ihm zu vergeben. Andernfalls lassen Sie diesen den Kampf immer noch gewinnen. Lassen Sie nicht zu, dass die Dunkelheit das Licht dominiert. Gehen Sie weiter auf einem größeren Pfad der Selbstentwicklung. Zeigen Sie der Person, die Sie betrogen hat, dass Sie stärker sind als ihre negativen Kräfte. Machen Sie die Vergeltung in diesem Fall wirklich süß. Ihre Belohnung wird ein glückliches Dasein sein.

Erwägen Sie, nach vorne zu blicken. Wenn Sie den Schmerz, der Ihnen zugefügt wurde, nicht vergessen und einfach so weitermachen können, bemühen Sie sich zumindest, nach vorne und nicht nach hinten zu blicken. Leiten Sie die Energie Ihres Zorns auf einen neuen Zweck um. Gehen Sie einer unerfüllten Leidenschaft oder einem unerfüllten Streben nach. Das muss nichts weltbewegendes sein, es kann winzig sein, wie z. B. das Erlernen einer neuen Fähigkeit, das Beherrschen einer neuen Technologie, das Aufnehmen einer neuen Aktivität oder einem ehrenamtlichen Engagement für eine sinnvolle Sache. Die Ablenkung wird Ihnen zugutekommen, und Sie können eine neue Quelle des Glücks, der Verbindung oder sogar des Wohlstands entdecken und anderen zugutekommen.

Erkennen Sie eine Lektion. Betrachten Sie Ihre negative Erfahrung als gute Aufklärung in dem Bereich, in dem sich die Straftat ereignet hat, wenn ein Geschäftspartner Sie hinters Licht geführt hat; ziehen Sie alle Lektionen heraus, die Sie daraus lernen können, wie Sie sich in eine prekäre Position gebracht haben. Beachten Sie diese Lektionen und wenden Sie sie auf Ihre zukünftigen Pläne an. Wenn Sie Warnsignale ignoriert, unangenehmes Verhalten ertragen oder sich darauf eingestellt haben, dass diese Situation in einer Beziehung auftritt, nehmen Sie dies ebenfalls zur Kenntnis. Lassen Sie so etwas nie wieder geschehen. Vermeiden Sie proaktiv, in Zukunft Opfer zu werden, also beenden Sie eine Beziehung, bevor Sie wieder zum Opfer werden. Betrachten Sie Verrat als einen Service, der Ihnen hilft, in Zukunft einen kostspieligeren emotionalen oder finanziellen Fehler zu vermeiden.

Übernehmen Sie Verantwortung. Letztendlich sind wir alle für unsere Aktivitäten und Entscheidungen verantwortlich. In welcher Position Sie sich auch befanden, mit wem Sie sich zufriedengegeben haben, und welche Entscheidungen Sie getroffen haben, um hierhin zu gelangen, Sie haben sich selbst dorthin gebracht und diese Entscheidungen selbst getroffen, es sei denn, jemand hielt Ihnen eine Waffe an den Kopf. Zu erkennen, dass Sie die Wahl getroffen haben, gewinnt Ihnen Ihre Kontrolle zurück. Anstatt sich jedoch wegen Ihrer Fehler zu ärgern, erkennen Sie, dass Sie die Kontrolle haben, die mächtig ist. Sie wird Ihnen in Zukunft dabei helfen wird, sich selbst zu helfen.

WAS IST DIE DEFINITION VON VERGEBUNG?

Ich lehre und übe seit fast einem Jahrzehnt die Kunst der Vergebung, und die grundlegende Erklärung, die ich mittlerweile benutze, ist, dass Vergebung die Fähigkeit ist, das Wort „Nein" zu akzeptieren.

Menschen sind bereits mit unterschiedlichen Problemen zu mir gekommen, und der rote Faden, der sich durch jedes Problem zieht, ist: Ich habe nicht bekommen, was ich wollte. Ich erhielt ein „Nein". Ich wünschte mir Treue von meiner Beziehung; aber ich bekam sie nicht. Ich erhielt ein „Nein". Ich wollte, dass jemand die Wahrheit sagt; stattdessen wurde Unwahrheit gesprochen. Ich erhielt ein „Nein". Als Kind wollte ich geliebt werden; aber ich wurde nicht auf die Weise geschätzt, die mir ein gutes Gefühl gegeben hätte. Ich erhielt ein „Nein".

Es ist wichtig, die gemeinsame Erfahrung zu verstehen – mit der Art und Weise, wie das Leben ist, nicht einverstanden zu sein und zu versuchen, ihre gewünschte Existenzweise zu ersetzen und dann frustriert zu sein, wenn die Alternative nicht funktioniert.

Der Kern der Vergebung ist Widerstandsfähigkeit angesichts von Rückschlägen – mit dem „Nein" in Frieden zu leben, mit dem, was ist, in Frieden zu leben, mit der grundlegenden Schwäche des menschlichen Lebens in Frieden zu leben. Sie müssen weitermachen können und Ihr Leben frei von Vorurteilen leben.

Die Abwesenheit von Groll wird bei Ihrer Heilung helfen. Sie erkennen, dass Ihnen niemand etwas schuldet, dass Sie nicht verpflichtet nicht, den Schmerz, den Sie erlitten haben, anzunehmen und an jemand anderen weiterzugeben. Nur weil Ihr vorheriger Partner nicht gut mit Ihnen umgegangen ist, bedeutet das nicht, dass Sie dieses Bewusstsein auf Ihren neuen Partner ausdehnen müssen. Sie gehen mit offenem Herzen weiter und akzeptieren, was ist und zwar ohne Vorurteile. Sie akzeptieren es nicht nur, weil das Leben schrecklich ist und Sie nichts dagegen tun können – obwohl das wahr sein mag –, sondern weil Sie es auf eine Weise akzeptieren, die es Ihnen ermöglicht, dem nächsten Moment eine Chance zu geben.

Die Auflösung der Trauer

Doch bevor Sie vergeben können, müssen Sie trauern.

Auf der grundlegendsten Ebene ist Vergebung gleichbedeutend mit Trauer. So wie ich es verstehe, ist die normale Reaktion darauf, verletzt oder angegriffen zu werden, zu trauern. Diese Probleme können als Verluste angesehen werden – ob von Emotionen, einem Menschen oder einem Traum – und wenn sie etwas verlieren, durchlaufen Menschen einen natürlichen Wiedereingliederungsprozess, der als Trauer bekannt ist. Dann ist Vergebung die Art und Weise, mit der Trauer gelöst wird.

Wir haben jedoch zwei Schwierigkeiten beim Trauern: Manche Menschen trauern nie, während andere übermäßig lange trauern.

Ein erfüllter Mensch fühlt Schmerz und akzeptiert Leiden als einen natürlichen Teil der menschlichen Erfahrung. Ohne anzuerkennen, dass Sie verwundet wurden und etwas verloren haben, werden Sie die Vorteile der Erfahrung verpassen – nicht nur die Identifizierung Ihres Schmerzes und Ihrer Misshandlung, sondern auch die Heilung. Als Ergebnis gibt es eine Stärke, die aus Erfahrung gewonnen werden kann.

Ein zufriedener Mensch lässt jedoch auch sein Leiden los – er bewahrt es nicht auf unbestimmte Zeit, baut seine Persönlichkeit nicht darauf auf und benutzt es nicht als Waffe. Sie klammern sich nicht an die unangenehmen Aspekte einer Erfahrung, um diese für Ihre Fehler verantwortlich zu machen.

Nach meinen Beobachtungen müssen drei Stadien der Trauer durchlaufen werden, bevor eine Person beginnen kann, die Vergebung wirklich zu fühlen und zu verinnerlichern.

Der Vergebungsprozess
Die erste Stufe besteht darin, den Schmerz, der von Ihnen oder jemand anderem verursacht wurde, vollständig zu identifizieren und zu akzeptieren, dass Sie etwas verloren haben – dass Sie das, was Sie sich gewünscht haben, nicht erhalten haben und es wehtut. Das kann sogar in einem therapeutischen Umfeld eine schwierige Aufgabe sein. Manchmal braucht es diese therapeutische Arbeit, um jemanden davon zu überzeugen, zu vergeben, weil er eine negative Erfahrung begraben oder

verleugnet hat, und es kann mehr Mühe erfordern, ihn davon zu überzeugen, den Schmerz oder seine Auswirkungen zu erkennen.

Dies ist die zweite Phase des Trauerprozesses, in der Gefühle erlebt werden, die im Allgemeinen mit dem schrecklichen Ereignis selbst verbunden sind. Es reicht nicht aus, wenn jemand einfach sagt: „Hey, ich wurde 12 Jahre lang geschlagen und ich möchte darüber hinwegkommen", wenn er sein Leiden nie bereut hat. Sie werden leiden müssen, um es aufzugeben. Ich habe noch nie jemanden getroffen, der nicht auf irgendeiner Ebene unter einem tatsächlichen Verlust gelitten hat. Sie fühlen verschiedene Emotionen – Sie sind traurig, Sie haben Angst. Wenn Sie jedoch vergeben, erkennen Sie Alternativen zu anhaltendem Leiden. Sie geben die Kontrolle über das Ereignis nicht ab – das ist unveränderlich. Sie können jedoch Ihre emotionale Reaktion darauf ändern.

Die dritte und letzte Phase ist, dass die Art Ihrer Trauer nicht verborgen werden kann. Ich versuche, Menschen nicht Dinge zu vergeben, die sie nicht mit anderen geteilt haben, weil es so viele Studien zur Resilienz gibt, die zeigen, dass Menschen, die negative Erfahrungen gemacht haben, aber niemandem davon erzählen, deutlich schlechtere Ergebnisse erzielen als diejenigen, die es anderen erzählen. Die menschliche Verbindung ist entscheidend für den Heilungsprozess.

Allerdings haben diejenigen, die ihre Beschwerde in die ganze Welt tragen, die zweitschlechtesten Ergebnisse. Die Resilienzforschung zeigt, dass es für eine gesunde Reaktion auf Schwierigkeiten notwendig ist, Ihre Bedenken mit einigen wenigen ausgewählten, fürsorglichen Menschen zu teilen. Sie geben Ihre innersten Gedanken niemandem preis. Ich empfehle, dass Menschen, die keine vertrauenswürdige Person in ihrem Leben haben, einen Therapeuten aufsuchen oder sich für ein 12-Schritte-Programm anmelden – alles, um sicherzustellen, dass sie sich nicht für Ihre innersten Gedanken schämen.

Wenn Sie diesen Phasen folgen, können Sie in Ihrer Trauer an einen Punkt gelangen, an dem Sie bereit sind zu vergeben. Es braucht jedoch Zeit. Eine Mutter sagte mir einmal bei einem meiner ersten Workshops zum Thema Vergebung: „Ich muss jemandem vergeben, dass er mein Kind ermordet hat." Mir fehlten die Worte. Da ich zuvor noch nicht mit Angehörigen von Mordopfern gearbeitet hatte, war die einzige Frage, die ich stellen konnte: „Wann ist es passiert?"

„Vor einem Monat", sagte sie.

„Gehen Sie nach Hause", sagte ich. „Dies ist im Moment nicht das, was Sie benötigen. Ich schlage eine Rückkehr in zwei Jahren vor. Kehren Sie zurück, sobald Sie die unergründlich schwierige Aufgabe ertragen haben, diesen Verlust zu betrauern, und vergeben Sie ihm dann."

Wie man Vergebungshindernisse überwindet

Es ist schwierig, den Schmerz loszulassen, der durch das Fehlverhalten eines anderen verursacht wird. Gibt es irgendetwas, das uns daran hindert, anderen zu vergeben?

Als Laurie und Jamie vor ein paar Monaten in meine Praxis kamen, steckten sie in der typischen Pattsituation fest, die während einer Paartherapie auftritt. Laurie hatte in der vergangenen Woche erfahren, dass Jamie das fast Unverzeihliche begangen hatte: Er hatte eine kurze Affäre mit seiner neuen Verwaltungsassistentin, als Laurie nicht in der Stadt war, weil sie ihren sterbenden Vater besuchte. Jamie war in seiner Reue aufrichtig, aber er hatte auch einen Groll gegen Laurie, weil sie wiederholt das vereinbarte Limit auf ihrer Kreditkarte überschritten hatte, trotz seiner mehrfachen Bemühungen, innerhalb des vereinbarten Budgets zu bleiben.

Wir sind uns alle der Folgen bewusst, so schwer es ist, verletzt, verraten oder missbraucht zu werden, und wie sich diese Angst zu langanhaltendem Groll verhärten kann. Ich habe die letzten zwei Jahrzehnte damit verbracht, Paaren wie Laurie und Jamie dabei zu helfen, ihr Vertrauen wiederzugewinnen, nachdem sie ihre Gelübde oder Verpflichtungen gebrochen hatten. Während dieser Zeit habe ich entdeckt, dass es entscheidend ist, Menschen dabei zu helfen, die zugrunde liegenden Motivationen des anderen zu verstehen, um einen Riss in der Beziehung zu schließen.

Ich habe jedoch auch gelernt, dass es entscheidend ist, Einzelpersonen dabei zu helfen, einander zu vergeben, insbesondere wenn es berechtigte Gründe für Widerstand gibt. Tatsächlich zeigt eine Studie nach der anderen, dass unsere Unfähigkeit, vergangenes Unrecht zu vergeben, unsere geistige und körperliche Gesundheit negativ beeinflussen kann.

Es ist der Akt, sich von dem durch die Übertretung der Grenze und den dadurch verursachten Schmerz zu befreien. Dies bedeutet nicht, die Verletzung zu ignorieren, zu missachten, zu vergessen, zu dulden, zu bagatellisieren oder zu einer vorzeitigen oder seichten Versöhnung zu eilen; tatsächlich ist eine Versöhnung nicht immer notwendig. Vielmehr geht es darum, unsere Beziehung zu den Geschehnissen durch Verständnis, Mitgefühl und Befreiung zu verändern. Die emotionalen, körperlichen und sozialen Vorteile der Vergebung wurden in zwei Jahrzehnten sozialpsychologischer Studien immer wieder nachgewiesen. Echte Vergebung repariert zerbrochene Beziehungen und sorgt für inneren Frieden.

Trotzdem fällt es uns häufig schwer, loszulassen, zu vergeben und weiterzumachen. Untersuchungen zeigen, dass wir möglicherweise Tage, Monate oder sogar Jahre in Angst oder Feindseligkeit gefangen bleiben. Selbst dann wenn wir Mitgefühl und Empathie für die Person empfinden, die uns verletzt hat.

Warum fällt es uns so schwer, etwas Sinnvolles für unser Wohlbefinden zu tun? Dieser Frage sind Ian Williamson von der *New Mexico Highlands University* und Marti Gonzales von der *University of Minnesota* durch ihre Forschungen zu psychologischen Barrieren der Vergebung nachgegangen.

Williamson, Gonzales und Kollegen definieren in einer kürzlich in *Motivation and Emotion* veröffentlichten Studie drei Hauptformen der „Aversion gegen Vergebung". Historisch gehörte zu den Ansichten darüber, einer anderen Person dabei zu helfen, jemandem vergeben, entweder die Empathie oder das Mitgefühl für den Täter zu stärken, sich zu „distanzieren" oder Dinge nicht persönlich zu nehmen. Ihre Forschung zur Vergebungsaversion bietet jedoch einen anderen Ansatz:

Vergebung tritt auf, wenn die Ängste und Sorgen des Opfers angesprochen werden, und nicht durch Appell an Freundlichkeit oder Mitgefühl. Die Forschung von Williamson und Gonzales empfiehlt Strategien, um mit wahrgenommenen Hindernissen für die Vergebung umzugehen und sich sicher und authentisch auf die Vergebung zuzubewegen.

Ich gebe einen kurzen Überblick über die drei Hürden der Vergebung und Strategien zu ihrer Überwindung, basierend auf Forschung und meiner therapeutischen Erfahrung mit Hunderten von Paaren und Menschen. Das Verständnis dieser Hindernisse für die Vergebung kann für Kliniker und alle, die jemals mit Vergebung gekämpft haben, von großem Nutzen sein – das heißt für die große Mehrheit von uns.

Hindernis #1: Mangelnde Bereitschaft

Das erste Hindernis ist „Unbereitschaft", die Williamson und Gonzales als einen inneren Zustand ungelöster emotionaler Belastung definieren, der die Vergebung behindern oder entgleisen kann. Einzelpersonen können in einem Opferkreislauf gefangen sein, über das Unrecht grübeln, das eine andere Person oder das Leben gegen sie begangen hat, und nicht in der Lage sein, ihre Perspektive auf ein größeres Bild zu ändern, nicht in der Lage, die Bedeutung, den Zweck, die Lektionen und Möglichkeiten zur Transformation zu erkennen, die in den Vorkommnissen enthalten sind.

Wer ist am meisten gefährdet, unvorbereitet zu sein? Williamson und Gonzales entdeckten, dass die Neigung des Einzelnen zu Angst und Meditation über die Schwere des verletzenden Verhaltens zuverlässig eine Unfähigkeit zur Vergebung vorhersagte. Einzelpersonen zeigten eine größere Unwilligkeit, sich in Richtung Vergebung zu bewegen, insbesondere wenn sie Angst vor wiederholter Verletzung hatten. Wie können wir diese Barriere der Unbereitschaft überwinden? Die Forschung von Williamson und Gonzales bekräftigt den gemeinsamen Glauben, dass „die Zeit alle Wunden heilt", und betont, wie wichtig es ist, den Prozess der Vergebung nicht zu beschleunigen. Sicherlich hilft die Zeit den Menschen, sich von unmittelbarem Schmerz, Unsicherheit und Wut zu trennen. Genau das ermöglicht dem Täter, eine Erfolgsbilanz mit neuem vertrauenswürdigem Verhalten zu entwickeln. Und es ermöglicht dem Opfer, die Schwere der Verletzung aus der Perspektive der gesamten Beziehung neu zu definieren.

Ich habe gesehen, wie Laurie und Jamie gekämpft haben, und in den drei Monaten, in denen ich mit ihnen gearbeitet habe, letztendlich das Hindernis der Unbereitschaft überwinden konnten. Laurie war in der Lage, Jamies Übertretung in den Kontext einer 17-jährigen Ehe zu stellen, die bereits weitaus schwierigeren Umständen standgehalten hatte als Jamies eine Nacht außerhalb der Grenzen. Und als sich Lauries Ausgabengewohnheiten im Laufe der Zeit verbesserten, konnte Jamie seine Wut über sie bei jedem Schritt verringern.

- **TIPPS ZUR ÜBERWINDUNG VON UNBEREITSCHAFT**
1. Erinnern Sie sich an die Übertretung Ihrer Grenzen, die Sie nicht vergeben können. „Beleuchten Sie die Netzwerke" dieser Erfahrung, indem Sie sich an ein visuelles Bild erinnern, die Emotionen beobachten, die kommen, wenn Sie sich an dieses Ereignis erinnern. Beobachten Sie auch die Stellen an Ihrem Körper, an denen Sie diese Gefühle als

Kontraktion, Schwere oder Aufgewühltheit spüren. Beachten Sie Ihre eigenen Gedanken und die der anderen Person, wenn Sie diese Erinnerung auslösen. Erlauben Sie diesem Moment, Ihr Bewusstsein zu durchdringen.

2. Betrachten Sie die möglichen Lehren aus diesem Moment: Was hätten Sie anders machen können? Fällt Ihnen etwas ein, was die andere Seite hätte anders machen können? Was würden Sie in Zukunft anders machen? Wenn wir eine bedauerliche Situation in eine lehrreiche Gelegenheit verwandeln und sogar das irrtümliche Geschenk ausfindig machen können, öffnen wir unsere Perspektiven möglicherweise wieder für die Möglichkeit der Transformation und Vergebung.

Hindernis #2: Selbstschutz
Das zweite Hindernis für Vergebung ist „Selbstschutz" – eine häufig berechtigte Sorge, dass Vergebung nach hinten losgehen und die Person, die Vergebung gewährt, zusätzlichem Schaden, Aggressivität, Grenzverletzungen, Ausbeutung oder Missbrauch aussetzen könnte.

Wer neigt am ehesten zum Selbstschutz? Laut der Forschung von Williamson und Gonzales widersetzen sich Personen, die wiederholt auf schädliches Verhalten gestoßen sind und keine Reue oder Entschuldigung für ein solches Verhalten erhalten haben, am ehesten Widerstand, der verletzenden Partei zu vergeben. Tatsächlich entdeckten sie, dass selbst der überzeugendste Grund zu vergeben – der Wunsch, eine enge Beziehung fortzusetzen – durch die wahrgenommene Schwere der Übertretung und einen wahrgenommenen Mangel an wahrer Entschuldigung oder Trauer verringert werden kann. Die Verweigerung der Vergebung ist ein Versuch, die Macht oder den Einfluss der Beziehung wieder ins Gleichgewicht zu bringen.

Laut ihrer Studie ist eines der schwierigsten Urteile, die Menschen jemals über Vergebung treffen müssen, dieses: Kann ich meine grundlegenden Bedürfnisse in dieser Beziehung erfüllen? Oder muss ich diese Beziehung beenden, um meine Grundbedürfnisse zu erfüllen, zu denen Sicherheit und Vertrauen gehören? Entscheidend ist in diesem Fall das weitere Verhalten des Täters. Die Fortsetzung des verletzenden Verhaltens; die Verleugnung oder Minimierung eines Gefühls des Fehlverhaltens; die fortgesetzte Verringerung des Selbstgefühls des Empfängers durch einen anderen; der anhaltende Vertrauensverlust; die Fortsetzung des Selbstgefühls des Opfers; die Fortsetzung des Gefühls des Opfers, für das Verhalten des Täters verantwortlich gemacht zu werden; die Fortsetzung eines oder aller dieser Faktoren; die Fortsetzung der Vergebung kann sich unmöglich, wenn nicht sogar töricht anfühlen.

Wie können wir die Selbstschutzbarriere durchbrechen? „Opfer können vernünftigerweise befürchten, dass Vergebung sie weiteren Misshandlungen aussetzt", schreiben die Forscher. „Interessanterweise verzeihen Menschen eher, wenn sie sich in einer Beziehung stärker fühlen, vielleicht weil sie in ihren Beziehungen zu ihren Tätern weniger Selbstschutzsorgen haben."

Mit anderen Worten, Menschen haben gelegentlich verständliche Befürchtungen, dass die Gewährung von Vergebung vom Täter als Hinweis darauf interpretiert werden könnte, dass sie dieselbe Tat fortsetzen können. Häufig müssen Einzelpersonen verstehen, dass sie das Recht haben, legitime

Grenzen in einer Partnerschaft festzulegen und durchzusetzen. Vergebung kann auch bedeuten, den Kontakt mit dem Täter zu beenden oder die Normen und Machtdynamiken zu ändern, die die Fortsetzung der Beziehung bestimmen.

Jamie konnte sein Bedürfnis nach Selbstschutz aufgeben und Laurie erst dann wahre Vergebung für vergangene Verbrechen anbieten, nachdem Laurie ihre übermäßigen Ausgaben eingestellt und begonnen hatte, Jamies monatliche Budgetbeschränkungen zu respektieren. Als Laurie das Vertrauen in Jamies Aufrichtigkeit und Reue für seinen Verrat und in die Tatsache, dass das Verhalten nie wieder vorkommen würde, wiedererlangte, konnte sie ihr Bedürfnis nach Selbstschutz loslassen und vergeben.

- **WIE MAN GRENZEN SETZT**
1. Identifizieren Sie eine Grenze, die Sie mit der Person, für die Sie um Vergebung bitten, aufrechterhalten möchten.
2. Überzeugen Sie sich davon, dass diese Einschränkung Ihre Werte, Interessen und Wünsche repräsentiert und unterstützt. Berücksichtigen Sie Ihr Verständnis für die Werte und Wünsche der anderen Person. Beachten Sie alle Bereiche der Vereinbarung zwischen Ihnen beiden; Beachten Sie alle Bereiche, in denen es Meinungsverschiedenheiten gibt.
3. Initiieren Sie eine Diskussion mit der anderen Person über Grenzen. Beginnen Sie, indem Sie sich für die Zeit bedanken, die sie damit verbracht haben, Ihnen zuzuhören. Deklarieren Sie das Thema; artikulieren Sie Ihr Verständnis Ihrer eigenen Anforderungen.
4. Geben Sie Ihre Grenze einfach, klar und unmissverständlich an. Sie haben bereits die Prinzipien, Anforderungen und

Wünsche formuliert, die die Einschränkung motivieren; Sie sind nicht verpflichtet, Ihren Standpunkt zu rechtfertigen, zu erklären oder zu verteidigen. Geben Sie die Folgen für die Partnerschaft an, wenn diese Grenze nicht eingehalten wird.

5. Vereinbaren Sie mit der anderen Partei die Verhaltensweisen, die sie ausführen können, und wann sie diese ausführen können, um anzuzeigen, dass sie Ihre Grenze, ihre Notwendigkeit und ihren Nutzen verstehen.

6. Besprechen Sie nach der eingeräumten „Test"-Periode mit Ihrer Person die Änderungen in der Verbindung, ob das Limit eingehalten wurde und den nächsten Schritt zur Durchsetzung des Limits. Um die Dynamik Ihrer Beziehung zu ändern, könnten einige Wiederholungen dieser Aktivität erforderlich sein.

Hindernis #3: Sorgen "begegnen"

Das dritte Hindernis ist „Sich-Sorgen" – was wir als die Notwendigkeit bezeichnen können, den eigenen Ruf in der Öffentlichkeit zu wahren und Herausforderungen für das eigene Selbstverständnis zu verhindern – d. h. das Gefühl, dass „ich ein Schwächling bin" oder „ich bin ein Fußabtreter."

Als soziale Wesen ist es fest in uns verankert, dass wir um jeden Preis vermeiden wollen, vor anderen schwach, zerbrechlich oder erbärmlich zu erscheinen. Wir werden uns auf verschiedene Weise gegen Gefühle innerer Schuld verteidigen, von denen eine die Zurückhaltung sein kann, zu vergeben. Darüber hinaus entdeckten die Forscher, dass das Hegen eines Grolls den Menschen ein Gefühl der Kontrolle über ihre Verbindungen geben kann; sie denken vielleicht, dass Vergebung sie dieser „sozialen Autorität" beraubt.

Angenommen, unsere Sorge, unser Gesicht zu wahren, führt dazu, dass wir uns eher nach Vergeltung als nach Vergebung sehnen. In diesem Fall müssen wir möglicherweise unser inneres Selbstwertgefühl und unsere Selbstachtung wieder aufbauen, bevor Vergebung eine Option wird.

Wer ist am anfälligsten für Sorgen? Die Angst, die Kontrolle, die Zugehörigkeit, den sozialen Status oder sogar der Wunsch nach Vergeltung zu verlieren, kann Menschen daran hindern, zu vergeben, weil sie glauben, dass die Übertretung ihr Selbstwertgefühl verringert hat. „In dem Maße, in dem Opfer befürchten, durch Vergebung schwach zu wirken, und sich darum bemühen, ein Bild von Autorität und zwischenmenschlicher Kontrolle darzustellen", schreiben die Forscher, „sollten sie der Aussicht auf Vergebung abgeneigt sein."

Wie können wir den Stolperstein überwinden, der durch Sorgen aufgeworfen wird? Häufig müssen diejenigen, die Schaden erlitten haben, ihre Selbstachtung und ihr Selbstwertgefühl zurückgewinnen, um den mentalen Raum zu schaffen, in dem Vergebung eine praktikable Option zu sein scheint. Wir müssen eine innere subjektive Realität – ein Selbstgefühl – kultivieren und aufrechterhalten, das von ungünstigen Ansichten und Erwartungen nicht beeinflusst wird. Gute Freunde, vertrauenswürdige Familienmitglieder, Therapeuten und Geistliche können alle äußerst nützlich sein, wenn es darum geht, dem Wahren Selbst von jemandem als Wahrer Anderer zu dienen – Gestalten, die ein positiveres Selbstgefühl erzeugen können.

Laurie und Jamie hielten ihre Probleme von Freunden und Familie fern, sodass sie sich keine Sorgen um ihren sozialen Ruf machen mussten. Sie mussten jedoch die Gewohnheiten der

Schambeschuldigung überwinden, die vorherrschend waren, als sie anfänglich in die Paarberatung eintraten. Sie mussten sich darauf konzentrieren, die Dinge nicht persönlich zu nehmen und die gegenseitige Wertschätzung und Würdigkeit wiederherzustellen, bevor sie sich der Vergebung zuwenden konnten.

Vergebung zu geben ist eine schwierige Sache. Aufrichtige Absicht und konsequentes Üben gehören dazu, Überstunden sind erforderlich. Allerdings kann die Überwindung von Widerwillen, wenn nicht sogar völligem Unwillen, erleichtert werden, indem man diese spezifischen Abneigungen gegen Vergebung versteht und diese Hürden richtig angeht.

- **VERBESSERUNG DER SELBSTWAHRNEHMUNG**
1. Nehmen Sie bequem Platz und schließen Sie Ihre Augen sanft. Konzentrieren Sie sich auf Ihre Atmung.
2. Wenn Sie bereit sind, erinnern Sie sich an jemanden in Ihrem Leben, bei dem Sie sich sicher fühlen. Dieser Jemand kann ein enger Freund, ein Therapeut, ein Lehrer, eine spirituelle Figur oder sogar dein eigenes weiseres Selbst sein.
3. Stellen Sie sich vor, wie Sie dieser Person von Angesicht zu Angesicht gegenübersitzen. Betrachten Sie die Akzeptanz und Freundlichkeit der Person, ihre Bewunderung und ihr Glück, wenn sie Sie ansehen. Überlegen Sie, wie Sie ihre Liebe und Akzeptanz für Sie aufnehmen.
4. Stellen Sie sich nun als die andere Person vor und sehen Sie in Ihre eigenen Augen. Sensibilisieren Sie sich für die Liebe und Offenheit der Person. Denken Sie über die Freundlichkeit nach, die die andere Person in Ihnen sieht. Erfreuen Sie sich an der Erkenntnis Ihrer Güte.

5. Kehren Sie nun zu Ihrem natürlichen Zustand zurück. Sie sind zurück in Ihrem eigenen Körper und genießen den Blick der anderen Person mit solcher Zärtlichkeit und Mitgefühl. Wenn jemand Sie liebt und akzeptiert, erleben Sie möglicherweise eine Vielzahl von körperlichen Empfindungen in Ihrem Körper, einschließlich eines warmen Gefühls in der Magengrube.

6. Halten Sie einen Moment inne, um über Ihre Erfahrung nachzudenken. Sie gewinnen ein positives Bild von sich zurück. Bemühen Sie sich bewusst, sich an dieses Gefühl zu erinnern, wann immer Sie es brauchen.

SCHRITTE ZUR SELBSVERGEBUNG UNTERNEHMEN

Vergebung wird häufig als eine bewusste Entscheidung definiert, Gefühle von Zorn, Groll und Vergeltung gegenüber jemandem loszulassen, der Ihnen Schaden zugefügt hat. Während Sie anderen gegenüber vielleicht sehr nachsichtig sind, können Sie viel härter zu sich selbst sein.

Während jeder Fehler macht, ist die Entwicklung der Fähigkeit, daraus zu lernen, loszulassen, weiterzumachen und sich selbst zu vergeben, entscheidend für die psychische Gesundheit und das Wohlbefinden. Erfahren Sie mehr darüber, warum Selbstvergebung nützlich sein kann und wie Sie Ihre Fähigkeit verbessern können, Ihre eigenen Fehler zu vergeben.

Wie Sie sich selbst mitfühlend vergeben

Selbstvergebung ist weder ein Weg, sich von der Verantwortung freizusprechen, noch ein Zeichen von Schwäche. Was auch immer die Umstände sein mögen, Vergebung bedeutet nicht, dass Sie die Handlungen derer dulden, die Ihnen in der Vergangenheit Schaden zugefügt haben.

Vergebung bedeutet, die Handlung zu akzeptieren, zu akzeptieren, was passiert ist, und bereit zu sein, mit deinem Leben fortzufahren, ohne über frühere Ereignisse nachzudenken, die nicht geändert werden können. Gemäß einem therapeutischen Ansatz zur Selbstvergebung können vier grundlegende Verhaltensweisen von Vorteil sein.

Die 4 Säulen der Selbstvergebung
1. Verantwortung
2. Reue
3. Wiederherstellung
4. Erneuerung

Verantwortung übernehmen
Selbstvergebung bedeutet mehr, als nur die Vergangenheit hinter sich zu lassen und weiterzumachen. Es geht darum, das Erlebte zu akzeptieren und Selbstmitgefühl zu üben.

Sich mit seinen Handlungen oder Ereignissen auseinanderzusetzen, ist der erste Schritt zur Selbstvergebung. Dies ist auch die schwierigste Phase. Für den Fall, dass Sie Ihre Handlungen rationalisiert, unterstützt oder legitimiert haben, um sie als in Ordnung erscheinen zu lassen, ist dies eine ideale Gelegenheit, die Verantwortung für Ihre Aktivitäten zu übernehmen und die Haftung anzuerkennen.

Indem Sie die Verantwortung für Ihre Handlungen übernehmen, die anderen Schaden zugefügt haben, können Sie negative Emotionen wie übermäßiges Bedauern und Schuldgefühle vermeiden.

Reue ausdrücken
Sie können verschiedene negative Emotionen erleben, die sich aus der Übernahme von Verantwortung ergeben,

einschließlich Schuld und Demütigung. Wenn Sie etwas falsch gemacht haben, ist es vollkommen natürlich und sogar gut und wichtig, sich schuldig zu fühlen. Schuld und Reue können als Katalysator für konstruktive Verhaltensänderungen wirken.

Während Schuld impliziert, dass Sie eine nette Person sind, die etwas falsch gemacht hat, zwingt Sie Scham dazu, sich selbst negativ zu sehen. Dies kann Gefühle der Wertlosigkeit hervorrufen, die sich, wenn sie ungelöst bleiben, in Sucht, Depressionen oder Aggressivität manifestieren können. Erkennen Sie, dass das Begehen von Fehlern, bei denen Sie sich schrecklich fühlen, Sie nicht automatisch zu einem schlechten Menschen macht oder Ihren grundlegenden Wert mindert.

Schaden reparieren und Vertrauen wiederherstellen
Sich zu entschuldigen ist ein entscheidender Bestandteil der Vergebung, besonders wenn man selbst der Vergebende ist. So wie Sie jemandem vielleicht nicht vergeben, bis er es wieder gut gemacht hat, bleibt die Vergebung mit sich selbst eher bestehen, wenn Sie das Gefühl haben, es verdient zu haben.
Eine Strategie, um Ihre Schuld zu überwinden, besteht darin, Maßnahmen zu ergreifen, um Ihre Fehler zu korrigieren. Entschuldigen Sie sich, wenn nötig, und suchen Sie nach Möglichkeiten, denjenigen, denen Sie unrecht getan haben, Wiedergutmachung zu leisten.

Während es so aussehen mag, als ob diese Phase des Prozesses nur zum Wohle der Person ist, die Sie verletzt haben, ist auch etwas für Sie dabei. Die Korrektur Ihres Fehlers eliminiert die Möglichkeit, sich jemals zu fragen, ob Sie mehr hätten tun können.

Fokus auf Erneuerung

Jeder macht Fehler und hat Dinge, die er bereut oder wegen denen er sich schuldig fühlt. Grübeln, Selbsthass oder sogar Mitleid können schädlich sein und es schwieriger machen, das Selbstwertgefühl und die Motivation zu bewahren.

Sich selbst zu vergeben, bedeutet häufig, einen Weg zu finden, um aufgrund der Erfahrung persönlich zu wachsen. Um dies zu erreichen, müssen Sie zunächst verstehen, warum Sie sich so verhalten haben und warum Sie sich schlecht fühlen. Welche Schritte können Sie jetzt unternehmen, um zu verhindern, dass Sie in Zukunft wieder in dieselben schlechten Verhaltensmuster verfallen? Auch wenn Sie einen Fehler begangen haben, haben Sie aus der Erfahrung gelernt und können diese nutzen, um in Zukunft bessere Entscheidungen zu treffen.

Einschränkungen

Obwohl Selbstvergebung eine wirkungsvolle Praxis ist, ist es wichtig zu verstehen, dass dieser Ansatz nicht für diejenigen gedacht ist, die sich zu Unrecht für etwas verantwortlich machen, für das sie nicht verantwortlich sind.

Personen, die beispielsweise Missbrauch, Traumata oder Verluste erlebt haben, können trotz mangelnder Kontrolle Scham und Schuldgefühle empfinden. Dies gilt insbesondere, wenn Einzelpersonen glauben, dass sie in der Lage sein sollten, ein schlechtes Ergebnis vorherzusagen und somit abzuwenden (ein Beispiel für das, was als Rückblickverzerrung bekannt ist).

Vorteile

Die psychologische Hypothese lautet seit Langem, dass Vergebung eine gute Sache ist, die mehrere Vorteile mit sich bringt, unabhängig davon, ob Sie eine kleine Kränkung oder eine viel größere Verletzung erlitten haben. Das bedeutet, anderen und sich selbst zu vergeben.

Mentale Stärke

Loslassen und sich selbst vergeben, können helfen, Ihr Wohlbefinden zu steigern und Ihr Selbstbild zu verbessern. Zahlreiche Studien haben gezeigt, dass, wenn Menschen Selbstvergebung praktizieren, ihr Maß an Verzweiflung und Angst abnimmt. Auf der anderen Seite ist Selbstmitgefühl mit einem erhöhten Maß an Erfolg, Produktivität, Fokus und Konzentration verbunden.

Körperliche Fitness

Vergebung kann sich auch positiv auf Ihre körperliche Gesundheit auswirken. Laut einer Studie können Sie das Risiko eines Herzinfarkts minimieren und Ihren Cholesterinspiegel verbessern, indem Sie denen vergeben, die Sie verletzt haben.

Beziehungen

Selbstmitgefühl und Vergebung sind ebenfalls Schlüsselkomponenten gesunder Beziehungen.

Während die Fähigkeit, starke emotionale Beziehungen zu anderen aufzubauen, von entscheidender Bedeutung ist, kann sie diese Bindungen reparieren, wenn sie angespannt oder beschädigt werden.

Einer Studie zufolge profitieren beide Parteien davon, wenn der „verletzende Partner" Selbstvergebung zeigt. Als Ergebnis echter Selbstvergebung berichteten beide Paare von einer erhöhten Beziehungszufriedenheit und weniger negativen Gedanken über den anderen.

Herausforderungen
Was also macht Selbstvergebung manchmal so schwierig? Warum beschuldigen und kritisieren sich Einzelpersonen häufig weiterhin für scheinbar geringfügige Fehler? Verhaltensweisen, die unseren Werten oder unserem Glauben an uns selbst widersprechen, können zu Schamgefühlen und Bedauern führen – oder im schlimmsten Fall zu Selbsthass.

Bestimmte Personen neigen eher zum Grübeln als andere, deswegen beschäftigen sich die Grübler häufiger mit negativen Emotionen. Selbstvergebung wird dadurch erschwert, dass man Fehler eingestehen und akzeptieren muss, sodass man sich möglicherweise ändern muss.

Schließlich haben diejenigen, die noch nicht bereit sind, sich zu ändern, möglicherweise Schwierigkeiten, sich selbst vollständig zu vergeben. Anstatt zu erkennen, dass sie sich möglicherweise ändern müssen, können Einzelpersonen in Form von Selbstvergebung handeln, indem sie ihre Taten ignorieren oder rechtfertigen.

Mögliche Nachteile
Während Selbstvergebung typischerweise als eine nützliche Aktivität angesehen wird, die bei der Wiederherstellung des eigenen Selbstgefühls helfen kann, zeigt die Forschung, dass sie gelegentlich eine schädliche Wirkung haben kann. Der Hauptnachteil der Selbstvergebung besteht darin, dass sie gelegentlich die Empathie für Menschen untergraben kann, die durch Ihre Taten geschädigt wurden.

Während Selbstvergebung häufig Schuldgefühle lindert, kann diese innere Betonung es schwieriger machen, sich mit anderen zu identifizieren. Dies kann vermieden werden, indem Sie sich bewusst in Personen einfühlen, die von Ihren Handlungen betroffen sind.

Während Sie anderen, die Unrecht getan haben, vergeben können, werden Sie feststellen, sich selbst zu vergeben, kann genauso schwierig sein. Es ist wichtig zu erkennen, dass Selbstvergebung kein Verfahren ist, das für alle passt.

Es ist nie einfach oder schnell, aber die Kultivierung dieser Art von Selbstmitgefühl kann zu verschiedenen gesundheitlichen Vorteilen führen.

Zusammen mit der Reduzierung von Stress, Verzweiflung und Angst kann Selbstvergebung die körperliche Gesundheit und die zwischenmenschlichen Beziehungen verbessern.

Sieben Techniken zur Selbstvergebung

Vergebung kann schwierig sein. Wenn Ihnen jemand Schmerzen zufügt, kann es schwierig sein, loszulassen und weiterzumachen. Obwohl es manchmal schwierig sein kann, anderen zu vergeben, ist es oft viel einfacher, anderen zu vergeben, als sich selbst zu vergeben. Jeder macht Fehler. Vielleicht haben Sie das entscheidende Tor Ihrer Tochter verpasst, weil Sie zu spät zur Arbeit erschienen sind, eine Unwahrheit erzählt haben, die anderen Schwierigkeiten bereitet hat, oder weil Ihre Handlungen lebensverändernde Auswirkungen hatten. Selbstvergebung ermöglicht signifikantes Wachstum, wesentliche Veränderungen und gesteigertes emotionales Wohlbefinden, unabhängig davon, was passiert ist. Im Folgenden finden Sie sieben Vorschläge zum Üben von Selbstvergebung.

Rechtfertigung für Selbstvergebung

Die Konzentration auf unangenehme Gefühle wie Schuld, Zorn oder Demütigung kann sich negativ auf Ihre geistige und körperliche Gesundheit auswirken. Das Grübeln über diese Emotionen hält einen Zustand der Wachsamkeit in Ihrem Nervensystem aufrecht. Als Reaktion auf diese Emotionen kann die Freisetzung von Adrenalin zu Herz-Kreislauf-Problemen, Autoimmunerkrankungen und psychischen Problemen wie Angstzuständen und Depressionen führen. Sich wiederholt selbst zu bestrafen, verstärkt Schuldgefühle und Erniedrigung und das daraus resultierende Selbstbewusstsein, eine böse Person zu sein. Wenn Sie in der Vergangenheit stecken, können Sie nicht vorwärts gehen und wichtige Lektionen lernen. Selbstvergebung erlaubt Ihnen, Ihre Identität von Ihren Fehlern zu lösen. Auf diese Weise können Sie beginnen, die Folgen Ihres Handelns zu verstehen und nach Möglichkeiten suchen, um wenn möglich Wiedergutmachung zu leisten. Es wird einfacher sein, anderen vollständig zu vergeben, wenn Sie anfangen, sich selbst zu vergeben. Vergebung ist ein Prozess, der schrittweise abläuft. Im Folgenden finden Sie einige Richtlinien, die Ihnen den Einstieg in den Weg der Selbstvergebung und Akzeptanz erleichtern sollen.

1. Eine Definition für Vergebung festlegen

Ein festes Verständnis von Vergebung und ihrer Bedeutung für Sie zu haben, ist ein entscheidender erster Schritt. Ihre Definition kann von Ihren religiösen Überzeugungen, Ihrer Familiengeschichte oder persönlichen Werten beeinflusst werden. Achten Sie bei der Definition von Vergebung darauf, eine Definition dessen aufzunehmen, was es nicht ist. Obwohl Sie glauben, dass Vergebung Sie von der Verantwortung entbindet oder impliziert, dass Sie schuldlos sind, wird es das Gefühl mit sich bringen, dass Sie sich selbst von der Verantwortung entbinden. Sie werden in Scham oder

Verleugnung gefangen bleiben, wenn Sie Vergebung als einen Prozess des Vergessens oder des Weitermachens betrachten, als ob nichts passiert wäre. Aus diesem Grund ist eine genaue Definition von Vergebung entscheidend. Vielleicht kann Vergebung so beschrieben werden, dass man seine Fehler akzeptiert und falsche Entscheidungen trifft, die zu Schaden führen. Anstatt sich jedoch weiterhin selbst zu bestrafen und sich in Demütigung zu suhlen, haben Sie sich entschieden, sich selbst mit Mitgefühl und Verständnis zu behandeln, um aus dieser Erfahrung zu lernen, Verantwortung für Ihre Handlungen zu übernehmen und auf eine Weise zu wachsen, die eine sinnvolle Transformation fördert.

2. Die eigenen Emotionen erkennen

Um sich selbst zu vergeben, müssen Sie Ihre Gefühle anerkennen, anstatt diese ablehnen. Nehmen Sie sich Zeit, über Ihre Gefühle nachzudenken, ohne zu urteilen. Erkennen Sie Ihre Gefühle und erlauben Sie sich, diese zu fühlen. Sie können alles fühlen, was Sie fühlen müssen, und Ihre Reaktionen müssen nicht von diesen Gefühlen bestimmt werden. Das mag eine Herausforderung sein, aber Sie werden Ihre Schuld- und Schamgefühle nicht loslassen können, wenn Sie sie nicht akzeptieren, fühlen und durch die Gefühle arbeiten. Es ist natürlich, Reue zu empfinden, wenn Sie einer anderen Person Leid zugefügt haben. Das Erkennen dieser Emotionen hilft Ihnen, ein vollständiges Verständnis dessen zu erlangen, was passiert ist. Ihre Gefühle zu ignorieren, könnte zu mehr Reue führen, was eine Selbstvergebung extrem schwierig macht.

3. Die eigenen Aktionen bestätigen

Sie können nicht wirklich aus Ihren Fehlern lernen, solange Sie diese nicht zugeben können. Erkennen Sie, was passiert ist, und übernehmen Sie die Verantwortung für Ihre Rolle darin, um zu verstehen, warum es passiert ist. Legen Sie Ihr Urteil beiseite und betrachten Sie die Fakten der Situation und Ihre Rolle darin. Wenn Sie die mit Ihren Handlungen verbundenen Lektionen lernen, können Sie auch Schritte unternehmen, um zu vermeiden, dass sie wiederholt werden. In Verleugnung zu leben, hindert Sie daran, zu Ihren Fehlern zu stehen und daraus zu lernen. In ähnlicher Weise konzentriert sich das repetitive Wiederholen der Situation eher auf das, was schiefgelaufen ist, als auf das, was Sie gelernt haben. Wenn Sie die Verhaltensweisen und Handlungen identifizieren können, die zu dem Problem beitragen, können Sie die erforderlichen Schritte unternehmen, um Veränderungen herbeizuführen.

4. Bedauern ausdrücken

Entschuldigen Sie sich, wenn Ihre Handlungen jemand anderem Schaden zugefügt haben. Eine aufrichtige Entschuldigung bei jemandem, dem Sie Unrecht getan haben, kann viel dazu beitragen, Selbstvergebung zu erreichen. Es wird wahrscheinlich schwierig sein, sich selbst wirklich zu vergeben, wenn Sie immer noch das Bedürfnis haben, sich mit einer anderen Person zu vertragen und gut zu stellen. Sie können zwar nicht wissen, wie jemand auf Ihre Entschuldigung reagieren wird, aber Sie können die Umstände loslassen und sich selbst vergeben, indem Sie sich bei der verletzten Partei entschuldigen. Wenn Sie einer anderen Person Schaden zugefügt haben und sich nicht entschuldigen können, kann das Aufschreiben dessen, was Sie sagen möchten, Ihnen helfen, nicht besessen davon zu werden. Sie können auch eine Entschuldigung an sich selbst schreiben. Um in Ihrer Entschuldigung aufrichtig zu erscheinen, müssen Sie Ihr Fehlverhalten eingestehen. Erklären Sie außerdem, warum Sie es bereuen, dass Sie den von Ihnen verursachten Schmerz anerkennen. Beschreiben Sie detailliert, was Sie in Zukunft anders machen möchten, um sicherzustellen, dass Ihre Tat sich nicht wiederholt.

5. Auf das konzentrieren, was man gelernt hat

Wichtige Lektionen sind viel einfacher zu lernen, wenn etwas schiefgeht, als wenn alles richtig läuft. Wenn Sie sich auf die Lernerfahrung und darauf konzentrieren können, was Sie in Zukunft besser machen werden, wird Selbstvergebung möglicherweise akzeptabler. Wenn Sie verstehen, was Sie getan haben und die Auswirkungen dessen können Sie in Zukunft eine andere Option wählen. Manchmal ist der effizienteste Weg, diese Lektion zu lernen, einen Fehler zu machen. Was schiefgelaufen ist, ist verständlich, aber nichts wird sich ändern, wenn dies Ihre einzige Wissensquelle ist. Indem Sie sich auf die Anpassungen konzentrieren, die in Zukunft vorgenommen werden müssen, können Sie aus den Erfahrungen lernen. Wenn Sie es als eine schwierige Lektion betrachten, fällt es Ihnen vielleicht leichter, sich selbst zu vergeben.

6. Wesentliche Änderungen vornehmen

Möglicherweise müssen Sie Ihr Verhalten ändern, bevor Sie sich selbst vergeben können. Zu erkennen, dass Ihr Verhalten zu dem Problem beigetragen hat, ist der erste Schritt. Außerdem müssen Sie Ihr Verhalten ändern. Wenn Sie weiterhin problematisches Verhalten an den Tag legen, entbinden Sie sich von der Verantwortung für Ihre Handlungen. Durch Verhaltensmodifikation ist es möglich, ein besseres Ergebnis zu erzielen. Wenn Sie zum Beispiel ständig zu spät zur Arbeit kommen und sich deswegen schrecklich fühlen, können Sie Ihre

Leistung verbessern, indem Sie das Haus früh verlassen. Wenn eine Änderung Ihres Verhaltens die Situation nicht verbessern würde, können Sie immer noch auf andere Weise eine erhebliche Verbesserung erzielen. Sie können sich freiwillig melden, Ihre Geschichte erzählen oder sich bemühen, eine zukünftige Lösung zu schaffen. Sich selbst einen Vertrauensvorschuss zu geben, ist eine ausgezeichnete Methode, um Ihre Aufmerksamkeit wieder von dem, was Sie falsch gemacht haben, und auf das, was Sie tun möchten, um es zu korrigieren, zu lenken.

7. Mitgefühl zeigen

Genauso wie Sie Mitgefühl anderen gegenüber zeigen können, können Sie Mitgefühl gegenüber sich selbst zeigen. Sich ständig für etwas zu kritisieren, das bereits geschehen ist und nicht mehr rückgängig gemacht werden kann, fördert das Schlechte. Dies kann zu einer quälenden Selbstwahrnehmung von Ihnen selbst als gebrochene Person führen, die der Gnade nicht würdig ist. Stattdessen könnten Sie sich aber auch Freundlichkeit und Akzeptanz zeigen. Kommunizieren Sie mit sich selbst genauso wie mit einem Freund. Erkennen Sie, dass ein Fehler nicht automatisch eine schlechte Person aus Ihnen macht. Während Sie sich selbst wahrscheinlich kritischer gegenüberstehen als jeder andere, ist es eine Entscheidung, wie Sie sich selbst behandeln. Ein mitfühlender und verständnisvoller Umgang mit sich selbst kann Ihnen helfen, Vergebung sowohl für andere als auch für sich selbst zu üben.

Auch wenn es schwierig sein kann, sich selbst zu vergeben, ist es für Ihr geistiges Wohlbefinden von entscheidender Bedeutung. Eine individuelle Beratung kann hilfreich sein, wenn Sie Schwierigkeiten haben, sich selbst vergangene Grenzüberschreitungen zu vergeben. Sie müssen nicht vergessen, was passiert ist, um sich selbst zu vergeben, also behalten Sie das im Hinterkopf. Wenn Sie sich selbst vergeben, können Sie bedeutende Entwicklungen und Veränderungen erleben, die Ihrem allgemeinen Wohlbefinden zugutekommen werden.

DIE FÜNF STUFEN DER VERGEBUNG PSYCHOLOGISCH

Weil viele von uns den Sinn hinter Vergebung nicht verinnerlichen, wird die Form der Vergebung, die wir praktizieren, zu einer, bei der wir annehmen, dass wir es für „den anderen" tun – normalerweise im Austausch gegen Anerkennung oder eine Art Belohnung.

Historisch gesehen war Vergebung eine missverstandene Idee, die hauptsächlich von Religion verwendet wurde, um die Menschheit zu ermutigen, ihren Groll loszulassen. Die meisten Menschen haben jedoch ein angeborenes Bedürfnis, etwas zu verstehen und zu rationalisieren, um es effektiv auszuführen. Mit anderen Worten, Sie können sich bewusst oder unbewusst fragen, warum Sie vergeben sollten.

Wenn die meisten von uns die Notwendigkeit der Vergebung nicht verstehen, wird die Form der Vergebung, die wir praktizieren, zu einer, bei der wir annehmen, dass wir es für „den anderen" tun – normalerweise im Austausch gegen eine Belohnung oder Anerkennung. Ich habe mit zahlreichen Menschen zu tun, die diese Methode übernommen haben, weil sie glaubten, dass sie vergeben könnten. Bei näherer

Betrachtung ist jedoch klar, dass die Mehrheit nicht wirklich vergeben hat, sondern die begleitenden Gefühle einfach ignoriert und unterdrückt hat. Das kommt eher dem Vergessen als dem Verzeihen gleich. Wir vergeben und vergessen; aber was wir durch Verdrängung vergessen, schadet uns weiterhin. Diese Personen haben gelernt, jegliche Anhaftung an die Person abzulehnen, die Vergebung braucht, um sie davon zu überzeugen, dass sie diese Kunst beherrschen – ohne zu erkennen, dass dies nur dazu dient, einen unbewussten Hass oder eine Feindseligkeit gegenüber dem Täter oder einem Dritten zu verschlimmern, wer dies tut ist in vielen Situationen zufällig die Fußmatte.

Vergebung ist eine Reise, kein Ergebnis, das durch eine simple Aktion erzielt wird. Um zu vergeben, müssen Sie akzeptieren, dass Sie dies für sich selbst und nicht für jemand anderen tun. Im Folgenden sind einige Phasen der Vergebung aufgeführt, die Sie möglicherweise hilfreich finden:

1. Identifizieren Sie, wem und was Sie vergeben müssen: Identifizieren Sie zunächst die Person, die Ihnen Schaden zugefügt hat und zu der Sie immer noch eine ängstliche Bindung haben, entweder körperlich oder emotional. Stellen Sie dann fest, welches genaue Verhalten Ihnen Schaden zugefügt hat. Seien Sie in Ihrer Antwort genau und prägnant. Notieren Sie es und verweilen Sie darauf. Betrachten Sie das Individuum als Ganzes, mit sowohl positiven als auch negativen Handlungen und seiner einzigartigen Lebenserfahrung. Vermeiden Sie es, die Person zu ihrem Verhalten zu machen, aber denken Sie daran, dass das Verhalten ein integraler Bestandteil ist. Eine andere Perspektive kann Ihnen helfen, ein Problem zu verstehen.

Völlig böse Menschen sind extrem selten, wenn nicht sogar unbekannt. Diese Perspektive wird Ihnen helfen, objektiver zu werden, und kann sogar Sympathie für die Person wecken, die Ihnen Schaden zugefügt hat. Das ist keine Erklärung, sondern eine Begründung. Ausreden entlasten den Einzelnen, während Erklärungen Sympathie fördern.

2. Emotion zulassen: Alle Gefühle, die mit dem destruktiven Verhalten verbunden sind, müssen an die Oberfläche gebracht werden. Um diese Toxine zu beseitigen, müssen Sie einen sicheren Ort finden, an dem Sie Ihre Gefühle ausdrücken und verarbeiten können. Wenn die Person, die Sie verletzt hat, offener geworden ist und Sie sich wohlfühlen, mit ihr zu interagieren, setzen Sie sich hin und drücken Sie Ihre Gefühle mündlich oder schriftlich aus. Wenn dies nicht möglich ist, verwenden Sie einen leeren Stuhl oder eine andere einfallsreiche Strategie, um die Emotion freizusetzen. Erlauben Sie sich, wenn nötig, zu weinen. Wenn Sie wütend werden, finden Sie einen sicheren Bereich, um Ihren Frust abzulassen. In einigen Fällen benötigen Sie in dieser Phase möglicherweise fachkundige Unterstützung. Wenn dies der Fall ist, investieren Sie in sich selbst.

3. Erkennen Sie, warum Vergebung für *Sie* von Vorteil ist: Viele von uns hegen ängstliche und negative Gefühle gegenüber denen, die uns Unrecht getan haben. Dies ähnelt einem Akkord, der uns negativ mit dem Täter verbindet und auf Zorn, Hass, Groll und sogar unlogischer Schuld oder Scham aufbaut. Dies könnte zu einer Hassliebe und internen Streitigkeiten führen. Das alles sind giftige Substanzen, die freigesetzt werden müssen. Wenn dieser

Faden zwischen Ihnen und dem Täter durchtrennt ist, fühlen Sie sich emanzipiert, leicht und wie neugeboren. Diese psychologische Metamorphose ermöglicht es Ihnen, empfänglicher für die wunderbaren Aspekte des Lebens zu sein. Zuzulassen, dass die Schnur Sie erstickt, hindert Sie daran, Fortschritte zu machen. Deshalb müssen Sie den Faden des Grolls durch Vergebung durchtrennen.

4. Setzen Sie klare Grenzen zum Täter: Sie müssen dafür sorgen, dass Sie sich selbst wieder sicher fühlen. Es ist notwendig, klare Grenzen zu Ihrer Umgebung zu setzen, einschließlich der Person, die Sie verletzt hat, um ihn daran zu hindern, seine Taten zu wiederholen. Sie müssen sich selbst schützen und ein Gefühl der Sicherheit bewahren, was durch definierte Grenzen erreicht werden kann.

5. Denken Sie daran, dass Vergebung ein gewisses Maß an Mut erfordert: Die meisten von uns ziehen es vor, in ihrer Komfortzone zu bleiben und sind nicht bereit, sich unseren tiefen Emotionen zu stellen, weil sie uns anfangs nervös machen. Zu wissen, dass dies zunächst wahr sein kann, wird letztendlich befreiender sein. Es ist ähnlich wie das Vermeiden einer Chemotherapie, weil es wehtut, aber eine Chemotherapie heilt effektiv Krebs.

Schließlich müssen Sie verstehen, dass Vergebung ein innerer Geisteszustand ist, kein bestimmtes Verhalten. Es kann keine Kopie sein; es muss echt sein. Seien Sie außerdem geduldig mit dem Prozess, da die Zeit, die Menschen brauchen, um zu vergeben, von den individuellen Umständen und Lebenserfahrungen abhängt. Tun Sie es, wenn Sie dazu bereit sind, und zwingen Sie andere nicht dazu, wenn sie nicht bereit sind. Üben Sie noch einmal etwas Vertrauen aus und geben Sie sich Anerkennung dafür, dass Sie versucht haben, zu vergeben.

Acht entscheidende Schritte zur Vergebung

Gelegentlich sind die Schmerzen schwerwiegend, wenn ein Partner oder Elternteil unser Vertrauen verletzt, wenn wir Opfer von Verbrechen werden oder wenn wir schwerem Mobbing ausgesetzt waren. Jeder, der starke Schmerzen erlebt hat, versteht, wie schwierig es ist, sich auf etwas anderes als unsere innere Aufruhr oder unsere Angst zu konzentrieren, wenn unsere innere Realität ernsthaft gestört ist. Wenn wir uns an Schmerzen klammern, werden wir emotional und kognitiv behindert, und unsere Beziehungen leiden darunter.

Vergebung ist ein starkes Gegenmittel dagegen. Wenn uns das Leben hart trifft, gibt es nichts wirksameres, um tiefe Wunden zu heilen als Vergebung. Wenn ich mir dessen nicht sicher wäre, hätte ich die letzten Jahre meines Lebens nicht damit verbracht, Vergebung zu studieren.

Viele Menschen missverstehen, was Vergebung wirklich bedeutet – und vermeiden sie folglich. Andere wünschen sich vielleicht Vergebung, zweifeln aber an ihrer Fähigkeit, dies zu geben oder zu bekommen. Vergebung kommt zwar nicht immer schnell, ist aber für viele von uns erreichbar, wenn wir die notwendigen Werkzeuge haben und bereit sind, die Arbeit zu investieren.

Das Folgende fasst die grundlegenden Prozesse zusammen, die erforderlich sind, um jemandem zu vergeben,

Überlegen Sie, wie Sie diese Stufen an Ihre Situation anpassen können, während Sie sie durchlesen.

1. Die Bedeutung der Vergebung und die Gründe für ihre Notwendigkeit erkennen

Bei Vergebung geht es um Güte, darum, Mitgefühl mit denen zu zeigen, die uns Unrecht getan haben, auch wenn sie es vielleicht nicht „verdient" haben. Es geht nicht darum, das Verhalten des Täters zu entschuldigen oder zu leugnen, dass es passiert ist. Es gibt auch keine einfache Formel, der man folgen kann. Vergebung ist ein mehrstufiger Prozess, der häufig einen nicht linearen Weg nimmt.

Der Aufwand lohnt sich jedoch. Indem wir uns auf Vergebung konzentrieren, können wir unser Selbstwertgefühl stärken und ein Gefühl innerer Stärke und Sicherheit entwickeln. Es kann die Lügen rückgängig machen, die wir uns oft selbst erzählen, wenn uns jemand zutiefst geschadet hat – wie ich besiegt oder unwürdig bin. Vergebung kann uns heilen und uns befähigen, weiterhin ein sinnvolles und zielgerichtetes Leben zu führen. Vergebung ist entscheidend, und wir werden die Hauptnutzer dessen sein.

Es wurde festgestellt, dass Vergebung erhebliche psychologische Vorteile für den Vergebenden hat. Es hat sich gezeigt, dass es Traurigkeit, Angst, ungesunde Wut und PTBS-Symptome lindert. Wir vergeben jedoch nicht nur, um uns selbst zu nützen. Ja, Vergebung kann zu psychischer Genesung führen; dennoch ist es nicht etwas, das für Sie getan wird. Es ist eine Geste gegenüber einer anderen Person, weil Sie wissen, dass dies die ideale Reaktion auf eine bestimmte Situation im Laufe der Zeit ist.

2. „Fit im Verzeihen" werden

Das effektive Üben von Vergebung hilft dabei, an der positiven Veränderung Ihrer inneren Umgebung zu arbeiten, indem Sie das entwickeln, was ich als „verzeihend passende" Eigenschaften bezeichne. Genauso wie Sie vorsichtig mit einer neuen körperlichen Trainingsroutine beginnen würden, ist es vorteilhaft, Ihre fehlerverzeihenden Herzmuskeln schrittweise zu stärken, indem Sie regelmäßige „Trainingseinheiten" in Ihr tägliches Leben einbringen.

Sie können damit beginnen, Ihr Fitnessniveau zu verbessern, indem Sie sich verpflichten, nichts zu tun – mit anderen Worten, indem Sie sich bewusst bemühen, nicht schlecht über diejenigen zu sprechen, die Ihnen Unrecht getan haben. Sie müssen nicht positiv sprechen; wenn Sie es jedoch unterlassen, schlecht zu sprechen, wird der nachsichtigere Teil Ihres Verstandes und Herzens gefüttert.

Darüber hinaus sollten Sie darauf hinweisen, dass jeder einzelne Mensch einzigartig, besonders und unersetzlich ist. Sie können aufgrund religiöser Überzeugungen, einer humanistischen Philosophie oder sogar Ihres Glaubens an die Evolution zu dieser Schlussfolgerung gelangen. Es ist wichtig, diese Perspektive der gemeinsamen Menschlichkeit zu pflegen, um es schwieriger zu machen, jemanden, der Ihnen Unrecht getan hat, als unwürdig abzutun.

Während Ihrer täglichen Interaktionen können Sie Liebe auf subtile Weise demonstrieren, z. B. indem Sie eine gehetzte Kassiererin anlächeln oder innehalten, um einem Kind zuzuhören. Zusätzliche Liebe zu geben hilft, den Liebesmuskel zu stärken, wodurch es einfacher wird, Mitgefühl für alle Lebewesen auszudrücken. Wenn Sie im Alltag bescheidene Akte der Vergebung und Barmherzigkeit üben und sich um diejenigen kümmern, die Ihnen Schaden zugefügt haben, wird dies ebenfalls hilfreich sein. Vielleicht können Sie es vermeiden, zu hupen, wenn Sie jemand im Verkehr abschneidet, oder den Mund zu halten, wenn Ihr Ehepartner Sie für eine Umarmung anschreit.

Gelegentlich können Stolz und Macht Ihre Bemühungen um Vergebung untergraben, indem sie Anspruchsgefühle und übertriebenes Selbstwertgefühl hervorrufen, was dazu führt, dass Sie Ihren Groll als edle Sache ansehen. Versuchen Sie zu erkennen, wann Sie von diesem Ort aus handeln und wählen Sie stattdessen Vergebung oder Barmherzigkeit.

3. Den inneren Schmerz ansprechen

Es ist wichtig festzustellen, wer Ihnen Schaden zugefügt hat und wie. Dies mag selbstverständlich erscheinen; dennoch sind nicht alle Handlungen, die Ihnen Schmerzen bereiten, ungerecht. Zum Beispiel sind Sie nicht verpflichtet, Ihrem Kind oder Ehepartner seine Fehler zu vergeben, selbst wenn seine Fehler Ihnen unangenehm sind.

Um Klarheit zu gewinnen, könnten Sie die Personen in Ihrem Leben untersuchen – Eltern, Geschwister, Klassenkameraden, Ehepartner, Kollegen, Kinder und sogar sich selbst – und das Ausmaß einschätzen, in dem sie Ihnen geschadet haben. Vielleicht haben sie ihren Einfluss auf Sie missbraucht oder Ihnen Liebe vorenthalten, oder vielleicht haben sie Ihnen körperlich geschadet. Diese Wunden haben zu Ihrer inneren Qual beigetragen und müssen anerkannt werden. Das wird Ihnen helfen, jemanden in Ihrem Leben zu identifizieren, der Vergebung benötigt können so und einen Ausgangspunkt bieten.

Es gibt zahlreiche Arten von emotionalem Schmerz; zu den am weitesten verbreiteten gehören jedoch Angst, Traurigkeit, ungesunde Wut, mangelndes Vertrauen, Selbsthass oder geringes Selbstwertgefühl, eine übermäßig pessimistische Weltanschauung und ein Mangel an Vertrauen in die eigene Fähigkeit, sich zu ändern. Diese Verletzungen können durch Vergebung gelöst werden; daher ist es wichtig, die Art der Trauer, die Sie erleben, zu verstehen und anzuerkennen. Je mehr Trauer Sie erlebt haben, desto wichtiger ist Vergebung, zumindest im Hinblick auf das Erreichen emotionaler Genesung.

Möglicherweise können Sie diese Abrechnung selbst durchführen, oder Sie benötigen die Unterstützung eines Therapeuten. Unabhängig davon, welche Methode Sie verwenden, um Ihr Leiden zu untersuchen, stellen Sie sicher, dass Sie dies in einer sicheren und hilfreichen Umgebung tun.

4. Durch Empathie eine versöhnliche Einstellung entwickeln
Wissenschaftler haben untersucht, was im menschlichen Gehirn passiert, wenn wir Vergebung in Betracht ziehen und festgestellt, dass Menschen, die sich richtig vorstellen, jemandem zu vergeben (in einer hypothetischen Umgebung), eine erhöhte Aktivität in den mit Empathie verbundenen zerebralen Schaltkreisen aufweisen. Dies weist darauf hin, dass Empathie mit Vergebung verbunden ist und eine notwendige Komponente des Prozesses ist.

Wenn Sie die Fakten der Person analysieren, die Sie verletzt hat, können Sie die Wunden, die sie trägt, häufig besser verstehen und Empathie für sie entwickeln. Stellen Sie sich ihn zunächst als unschuldiges Kind vor, das Liebe und Unterstützung braucht. Hat er das von seinen Eltern gelernt? Forschungen zufolge entwickelt ein Neugeborenes, wenn es von den primären Bezugspersonen nicht ausreichend Aufmerksamkeit und Liebe erhält, eine schwache Bindung, die das Vertrauen gefährdet. Es kann ihn davon abhalten, jemals Bindungen zu anderen aufzubauen, und ihn für den Rest seines Lebens auf einen Weg der Einsamkeit und des Konflikts schicken.

Möglicherweise haben Sie die Möglichkeit, eine vollständige Geschichte über die Person zu erstellen, die Sie verletzt hat – von den frühesten Stadien bis zum Erwachsenenalter – oder sich im Wesentlichen eine Vorstellung davon zu machen, was Sie wissen. Möglicherweise können Sie ihre körperlichen Schwächen und psychischen Qualen erkennen und beginnen, Ihre gemeinsame Menschlichkeit zu verstehen. Sie können sie als eine schwache Person identifizieren, die verletzt wurde und die wiederum Sie verwundet hat. Unabhängig davon, was sie getan hat, um Ihnen Schmerzen zuzufügen, erkennen Sie, dass auch sie es nicht verdient hat, zu leiden.

Zu erkennen, dass wir alle Wunden in unserem Herzen haben, könnte dazu beitragen, den Prozess der Vergebung zu erleichtern.

5. Bedeutung in der Angst entdecken

Wenn wir erhebliches Leid erleiden, müssen wir einen Sinn in unserer Tortur finden. Ohne Sinn kann eine Person ihren Sinn verlieren, was zu Hoffnungslosigkeit und der traurigen Schlussfolgerung führt, dass die Existenz selbst keine Bedeutung hat. Das soll nicht heißen, dass wir Schwierigkeiten brauchen, um zu wachsen, oder das Gute in den schrecklichen Taten anderer suchen. Stattdessen suchen wir nach Möglichkeiten, wie uns unser Schmerz positiv geprägt hat.

Auch wenn man Schmerzen hat, ist es möglich, sich kurzfristige und gelegentlich auch langfristige Ziele im Leben zu setzen. Manche Menschen beginnen zu überlegen, wie sie ihr Leiden nutzen könnten, um damit fertig zu werden, weil sie widerstandsfähiger oder mutiger geworden sind. Darüber hinaus können sie erkennen, dass ihr Leiden ihre Sicht auf das, was wirklich wichtig im Leben ist, verändert und ihre langfristigen Bestrebungen für sich selbst verändert hat.

Einen Sinn zu finden, bedeutet nicht, Ihr Leiden zu verringern oder zu sagen: „Ich werde einfach das Beste daraus machen." Alles geschieht zu einem bestimmten Zweck. Sie müssen sich ständig Ihrer Verwundung stellen und die Ungerechtigkeit des Ereignisses anerkennen; andernfalls wird die Vergebung oberflächlich sein.

Dennoch gibt es zahlreiche Möglichkeiten, unserem Leiden einen Sinn zu geben. Einige mögen sich dafür entscheiden, ihre Aufmerksamkeit auf die Schönheit des Planeten zu richten, während andere sich dafür entscheiden, den Bedürftigen zu dienen. Bestimmte Personen können den Zweck entdecken, indem sie ihre Wahrheiten aussprechen oder ihre innere Verpflichtung stärken. Auf diese Frage gibt es für mich nur eine Antwort: Wir sollten unser Leid nutzen, um unsere Liebe zueinander und zur Welt zu vertiefen. Sinn zu finden an und für sich hilft im Prozess des Vergebens.

6. Wenn Vergebung schwierig ist, auf andere Stärken zurückgreifen

Vergebung ist oft schwierig, wenn wir mit schweren Ungerechtigkeiten konfrontiert werden, die von anderen begangen wurden. Ich kenne Personen, die sich weigern, den Begriff „Vergebung" zu verwenden, weil dieser sie wütend macht. Das ist akzeptabel – jeder von uns hat seinen Zeitrahmen, in dem wir barmherzig sein können. Wenn Sie jedoch Schwierigkeiten haben, zu vergeben und Hilfe zu suchen, kann es hilfreich sein, zusätzliche Ressourcen in Anspruch zu nehmen.

Denken Sie zunächst daran, dass nur weil Sie Schwierigkeiten mit der Vergebung haben, dies nicht bedeutet, dass Sie darin versagt haben. Vergebung ist ein schrittweiser Prozess, der Zeit, Geduld und Entschlossenheit erfordert. Vermeiden Sie es, hart zu sich selbst zu sein; stattdessen sollten Sie sanft sein und ein inneres Gefühl der Ruhe und Akzeptanz kultivieren. Behandeln Sie sich so, als würden Sie mit einem engen Freund oder Familienmitglied sprechen, und Sie werden von den Ergebnissen überrascht sein.

Stellen Sie einen Kreis guter und kluger Personen zusammen, die Sie unterstützen und die Geduld haben, Ihnen zu erlauben, in Ihrer eigenen Zeit zu heilen. Kultivieren Sie außerdem Demut – nicht indem Sie sich selbst erniedrigen, sondern indem Sie anerkennen, dass wir alle zu Unvollkommenheit und Leiden fähig sind.

Versuchen Sie, Mut und Geduld in sich selbst zu kultivieren, um Ihnen auf Ihrer Reise zu helfen. Indem Sie außerdem üben, kleinere Kränkungen zu tolerieren, ohne um sich zu schlagen, machen Sie allen ein Geschenk – nicht nur der anderen Person, sondern allen anderen, die diese Person in Zukunft aufgrund Ihrer Wut verletzen könnte. Sie können dazu beitragen, den Kreislauf zu beenden, in dem anderen Leid zugefügt wird.

Wenn Sie immer noch Schwierigkeiten haben, zu vergeben, können Sie mit jemandem üben, der verzeihender ist

– vielleicht jemandem, der Ihnen eher geringfügig als erheblich geschadet hat. Alternativ kann es vorteilhafter sein, sich darauf zu konzentrieren, der Person zu vergeben, die Ihren Schmerz verursacht hat – vielleicht ein missbräuchlicher Vater oder ein Ehepartner, der Sie betrogen hat. Wenn sich diese erste Verletzung nachteilig auf andere Aspekte Ihres Lebens und Ihrer Beziehungen auswirkt, kann es notwendig sein, dort anzufangen.

7. Sich selbst vergeben

Die Mehrheit von uns ist strenger zu sich selbst als zu anderen und kämpft damit, sich selbst zu lieben. Angenommen Sie verspüren aufgrund Ihrer Handlungen Gefühle der Nichtliebenswürdigkeit. In diesem Fall müssen Sie sich möglicherweise auf Selbstvergebung konzentrieren und sich selbst das anbieten, was Sie anderen bieten, die Sie verletzt haben: ein Gefühl des inneren Wertes, unabhängig von Ihren Handlungen.

Selbstvergebung zeigt Respekt für sich selbst als Person, unabhängig von Ihren Fehlern. Wenn Sie ernsthaft gegen Ihre Standards verstoßen haben, laufen Sie Gefahr, in Selbsthass zu verfallen. Wenn dies auftritt, können Sie Ihre Gesundheit vernachlässigen – Sie können übermäßig essen oder übermäßig schlafen, mit dem Rauchen beginnen oder an anderen Arten der „Selbstbestrafung" teilnehmen. Sie müssen dies anerkennen und auf Selbstmitgefühl hinarbeiten. Sie können dies tun, indem Sie Ihr Herz für sich selbst erweichen.

Nachdem Sie sich selbst vergeben konnten, müssen Sie diejenigen, denen Sie Schaden zugefügt haben, um Vergebung bitten und versuchen, das Unrecht wiedergutzumachen. Es ist wichtig, auf die Möglichkeit vorbereitet zu sein, dass die andere Person Ihnen nicht vergeben wird, und deswegen auch Toleranz und Demut zu üben. Eine echte Entschuldigung, frei von Bedingungen und Erwartungen, wird jedoch einen großen Beitrag dazu leisten, dass Sie sich letztendlich verzeihen.

8. Ein empathisches Herz entwickeln

Wir entwickeln eine reifere Perspektive, bescheiden, mutig und liebevoll in der Welt zu sein, wenn wir den Schmerz besiegen. Wir können dazu getrieben werden, in unseren Familien und am Arbeitsplatz eine Atmosphäre der Vergebung zu fördern, anderen zu helfen, die gelitten haben, oder unsere Gemeinschaften vor einem Kreislauf von Hass und Gewalt zu schützen. All diese Entscheidungen haben das Potenzial, die Stimmung aufzuhellen und Glück ins Leben zu bringen.

Bestimmte Personen können annehmen, dass es unmöglich ist, jemanden zu lieben, der Ihnen Schaden zugefügt hat. Ich habe jedoch entdeckt, dass viele Menschen, die vergeben, schließlich ein offenes Herz finden. Wenn Sie Bitterkeit loslassen und durch Liebe ersetzen können und dies dann mit vielen, vielen anderen Personen tun, werden Sie die Fähigkeit erlangen, umfassender und tiefer zu lieben. Diese Art der Transformation kann ein liebevolles Vermächtnis schaffen, das noch lange nach Ihrem Tod Bestand haben wird.

Vergebung ist kein natürlicher Seinszustand. Es ist übermenschlich.

Vergebung ist kein natürlicher Seinszustand. Es ist in der Tat übermenschlich und damit ein höheres Selbst.

Es ist der universale Wille – Seine Empfängnis.

Erlauben Sie mir, eine ganz grundlegende Methode der Vergebung vorzuschlagen. Dieses Verfahren besteht aus vier einfachen Teilen.

1. Wut: Die Angst erkennen, erleben und ausdrücken
Beschriften Sie diese so genau wie möglich. Überlegen Sie, was diese Gefühle ausgelöst hat.

- Wer ist dafür verantwortlich?
- Wann ist es passiert?
- Wo ist es passiert?

2. Hass: Wenn man eine Verletzung erlitten hat, wird man hassen
Es ist keine Sünde zu hassen; tatsächlich wird uns gesagt, das zu verachten, was der universelle Energie schadet

- Verachten Sie die TAT selbst, nicht den TÄTER. Machen Sie diese Unterscheidung, um sicherzustellen, dass sich Ihr Hass auf ein zulässiges Ziel konzentriert.
- Ungelöste, chronische Feindseligkeit führt häufig zu Depressionen.

3. Der Haken: Das illusorische Gefühl der Kontrolle erkennen
Eine Weigerung zu vergeben, schafft die Vorstellung von Stärke, weil es Ihre eigenen Gefühle von Verletzung und Verletzlichkeit maskiert.

- Sich weigern, die Opferrolle zu akzeptieren.
- Verzeihen Sie die Schulden.
- Leben Sie Ihr Leben weiter.
- Dem Universum erlauben, der letzte Schiedsrichter der Gerechtigkeit zu sein.

Rache ist eine Zeit lang angenehm, scheitert aber letztendlich. Die Qual, die Sie anbieten, wird niemals in der Lage sein, den Schmerz zu kompensieren, den Sie ertragen haben. Erlauben Sie einer höheren Energie, die Angelegenheit zu regeln, indem Sie sich davon entfernen.

4. Heilung: Vergebung ist keine Einbahnstrasse. Ereignis und Prozess sind beide beteiligt

- Vergebung ist ein Ereignis.
- Die Linderung des eigenen Schmerzes ist ein Prozess.

Es braucht Zeit.
Sie müssen weiterhin Ihr verletztes Herz für universelle Liebe öffnen, um schließlich Heilung zu erfahren.

Abschließen aller Stufen der Vergebung
Eines Tages werden Sie aufwachen und entdecken, dass Sie eine neue Perspektive auf die Person haben, die Ihnen Unrecht getan hat. Auch wenn Sie diese Person vielleicht nie mögen oder ihr vertrauen werden, wird die Schwere Ihrer Schmerzen nachlassen. Sie werden schließlich feststellen, dass Sie für Ihren Gegner beten. Sie werden schnell feststellen, dass Sie befreit sind. Vergebung ist der Weg zur Befreiung. Es macht jedoch wenig Sinn, solange es nicht im Licht der großen Glaubenstraditionen gesehen wird.

So lehrt die christliche Lehre: „Und seid freundlich und verzeiht Leinander, so wie Gott euch in Christus vergeben hat." — Eph. 4:32 (CSB)

Sind Sie begnadigt? Dann können Sie entschuldigen.

Menschen, denen wirklich vergeben wurde, könnten sich zu vergebenden Menschen entwickeln. Die unendliche Liebe begann damit, uns von unseren Verfehlungen freizusprechen. Sie lädt uns ein, anderen zu vergeben.

Ihre Bereitschaft, sich am Vergebungsprozess zu beteiligen, zeigt, wie sehr Sie die universelle Vergebung schätzen.

Wenn es um Vergebung geht, gibt es acht wesentliche Dinge
Die grundlegenden Ideen, die Ihnen helfen werden, zu vergeben und Seelenfrieden zu erlangen

Erforderliche Zeit
Jeder Einzelne wird in seinem eigenen Tempo vergeben. Ich empfehle Ihnen, die folgenden Schritte in der für Sie am besten geeigneten Reihenfolge durchzuführen.

Wie es weitergeht
Machen Sie eine Liste von Personen, die genug Schaden angerichtet haben, um die Anstrengung des Vergebens zu rechtfertigen. Dies kann erreicht werden, indem man sich auf einer Skala von 1 bis 10 fragt: Wie viel Schmerz fühle ich aufgrund der Art und Weise, wie diese Person mich behandelt hat? 1 gibt den geringsten Schmerz an, 10 gibt den größten Schmerz an. Ordnen Sie dann die Personen auf dieser Liste von am wenigsten bis am schmerzhaftesten. Beginnen Sie mit der Person am unteren Ende dieser Hierarchie (am wenigsten schmerzhaft).

1. Berücksichtigen Sie einen Verstoß, der von der ersten Person auf Ihrer Liste begangen wurde. Bedenken Sie Folgendes: Wie hat das Fehlverhalten dieser Person meinem

Leben geschadet? Berücksichtigen Sie die möglicherweise daraus resultierenden psychischen und körperlichen Schäden. Überlegen Sie, wie diese Beleidigung Ihre Wahrnehmung der Menschlichkeit und Ihr Vertrauen in andere verändert haben könnte. Erkennen Sie, dass das, was passiert ist, nicht akzeptabel war, und erlauben Sie sich, alle negativen Gefühle zu erleben, die auftauchen.

2. Entscheiden Sie sich zu vergeben, wenn Sie dazu bereit sind, sich auf die Entscheidung zur Vergebung zu einigen, bedeutet, zu tolerieren, was Sie tun werden, wenn Sie sich entschuldigen – eine Demonstration des Wohlwollens gegenüber der Person auszudehnen, die Sie verletzt hat. Wenn wir Mitgefühl zeigen, bemühen wir uns bewusst, Ressentiments (anhaltende Übelwollen) gegenüber dieser Person zu lindern und ihnen stattdessen Freundlichkeit, Respekt, Großzügigkeit und sogar Liebe entgegenzubringen.

3. Es ist wichtig zu betonen, dass Vergebung nicht bedeutet, die Handlungen des Einzelnen zu akzeptieren, zu vergessen, was passiert ist, oder Gerechtigkeit zu missachten. Sowohl Gerechtigkeit als auch Vergebung können gemeinsam praktiziert werden. Ein weiterer kritischer Vorbehalt: Vergebung ist nicht gleichbedeutend mit Versöhnung. Versöhnung ist eine Taktik, um zwei oder mehr Personen in gegenseitigem Vertrauen wieder zu vereinen. Sie brauchen sich nicht mit der Person zu versöhnen, der Sie vergeben.

4. Beginnen Sie mit kognitiven Aktivitäten. Betrachten Sie die folgenden Fragen zu der Person, die Ihnen Schaden zugefügt hat: Wie war das Leben dieser Person als Kind? Welche

Wunden erlitten sie von anderen, die ihre Wahrscheinlichkeit, Ihnen Schaden zuzufügen, erhöht haben könnten? Welche anderen Belastungen oder Spannungen hatte diese Person, als diese Sie beleidigte? Diese Anfragen dienen nicht dazu, Verhalten zu rechtfertigen oder zu erklären, sondern um die Schmerzpunkte des anderen besser zu verstehen, jene Punkte, die ihn verletzlich und menschlich machen. Zu verstehen, warum Menschen destruktive Verhaltensweisen zeigen, kann uns auch helfen, effektivere Strategien zu entwickeln, um zukünftige destruktive Handlungen zu verhindern.

5. Achten Sie auf jede kleine Bewegung Ihres Herzens, die dazu führt, dass Sie auch nur ein bisschen Mitgefühl für die Person empfinden, die Sie verletzt hat. Diese Person war möglicherweise verwirrt, falsch oder fehlgeleitet. Sie können ihre Taten zutiefst bereuen. Überlegen Sie, ob Sie anfangen, sanftere Gefühle für diese Person zu empfinden, wenn Sie an diese denken.

6. Versuchen Sie, das Leid, das sie Ihnen zugefügt haben, bewusst zu ertragen, damit Sie es nicht dem Täter oder gar ahnungslosen Menschen erstatten, wie z. B. geliebten Menschen, die Sie überhaupt nicht verletzt haben. Wenn wir verletzt sind, geben wir lieber anderen die Schuld für unsere Gefühle. Bitte denken Sie daran, um zu vermeiden, dass Sie ein Vermächtnis von Zorn und Verletzung hinterlassen.

7. Denken Sie über ein Geschenk nach, das Sie der Person geben könnten, der Sie vergeben möchten. Vergebung ist

ein Akt der Barmherzigkeit – Sie erweisen jemandem Barmherzigkeit, der Ihnen keine Barmherzigkeit gezeigt hat. Dies kann sich in einem Grinsen, einem Rückruf oder einem positiven Wort gegenüber anderen Menschen zeigen. Stellen Sie die eigene Sicherheit immer an erste Stelle, während Sie dieser Person Wärme und Freundlichkeit zeigen. Wenn der Umgang mit dieser Person Sie in Gefahr bringt, finden Sie ein anderes Ventil für Ihre Emotionen, z. B. indem Sie in ein Notizbuch schreiben oder Mitgefühlsmeditation praktizieren.

8. Suchen Sie schließlich Sinn und Zweck in Ihren Erfahrungen. Wenn Menschen zum Beispiel unter der Ungerechtigkeit anderer leiden, stellen sie häufig fest, dass sie empfindlicher für die Qualen anderer werden. Dies kann ihnen wiederum ein Gefühl dafür geben, Bedürftigen zu helfen. Darüber hinaus kann es Einzelpersonen dazu veranlassen, Maßnahmen zu ergreifen, um zukünftige Ungerechtigkeiten ähnlicher Art zu verhindern.

Wenn Sie mit der Person fertig sind, die Ihnen am meisten Kummer bereitet hat, fahren Sie mit der nächsten Person auf Ihrer Liste fort. Fahren Sie mit diesem Verfahren fort, bis Sie mit der Person abgeschlossen haben, die Ihnen am meisten Kummer bereitet hat.

VERGEBUNG: LOSLASSEN VON GROLL UND BITTERKEIT

Wenn jemand, der Ihnen nahesteht, Sie verletzt, können Sie entweder an Ihrer Wut, Ihrem Groll und Ihren Rachegedanken festhalten – oder Sie können Vergebung annehmen und weitermachen.

Wer wurde noch nie durch die Handlungen oder Worte eines anderen verletzt? Vielleicht hat Ihre Mutter Sie als Kind oft gezüchtigt, ein Kollege hat ein Projekt ruiniert oder Ihr Liebhaber hatte eine Affäre. Vielleicht haben Sie eine schreckliche Situation durchgemacht, zum Beispiel wurden Sie von einem Familienmitglied oder Freund körperlich oder emotional angegriffen.

Diese Wunden können bei Ihnen anhaltende Gefühle von Wut und Groll hinterlassen – und sogar den Wunsch nach Vergeltung.

Wenn Sie jedoch keine Vergebung üben, sind Sie möglicherweise derjenige, der am meisten leidet. Vergebung anzunehmen, befähigt Sie, andere Tugenden wie Frieden, Hoffnung, Dankbarkeit und Freude anzunehmen. Überlegen Sie, wie Vergebung Ihnen emotionales, körperliches und geistiges Wohlbefinden bringen kann.

Was bedeutet Vergebung?
Für jeden bedeutet Vergebung etwas anderes. Im Allgemeinen bedeutet es jedoch, Groll und Rachegedanken loszulassen.

Während die Tat, die Sie verletzt oder beleidigt hat, für immer bei Ihnen bleiben kann, kann Vergebung dabei helfen, sie zu lockern und Ihnen helfen, sich von der Person zu lösen, die Sie verletzt hat. Vergebung kann auch zu Gefühlen der Empathie, des Mitgefühls und des Verständnisses für denjenigen führen, der Ihnen Unrecht getan hat.

Vergebung beinhaltet nicht, den Ihnen zugefügten Schmerz zu vergessen oder zu entschuldigen oder sich mit dem Täter zu versöhnen. Vergebung vermittelt ein Gefühl der Ruhe, das Ihnen ermöglicht, weiterzuleben.

Was sind die Vorteile von Vergebung?
Groll und Wut freien Lauf zu lassen, kann den Weg für mehr Gesundheit und geistige Ruhe ebnen. Vergebung kann zu folgenden Vorteilen führen:

• Stärkere Beziehungen
• Verbesserte psychische Gesundheit
• Weniger Sorgen, Stress und Hass
• Niedrigerer Blutdruck
• Weniger depressive Symptome
• Ein stärkeres Immunsystem
• Verbesserte Herzgesundheit

Vergebung kann zu folgenden Vorteilen führen:
Warum ist es so einfach, einen Groll zu hegen?
Von jemandem Unrecht getan zu bekommen, besonders von

jemandem, der einem wichtig ist und dem man vertraut, kann zu Wut, Verzweiflung und Ratlosigkeit führen. Groll voller Hass, Rache und Feindseligkeit kann entstehen, wenn Sie bei beunruhigenden Ereignissen oder Umständen verweilen. Zuzulassen, dass negative Emotionen angenehme übertrumpfen, kann dazu führen, dass Sie von Ihrer eigenen Bitterkeit oder Ihrem Gefühl der Ungerechtigkeit mitgerissen werden.

Manche Menschen werden mit mehr Kapazitäten zur Vergebung geboren als andere. Doch selbst wenn Sie einen Groll hegen, kann fast jeder lernen, verzeihender zu sein.

Welche Folgen hat es, einen Groll zu hegen?
Wenn Sie unversöhnlich sind, könnten folgende Dinge auf Sie zutreffen:
- Sie bringen Wut und Bitterkeit in jede neue Beziehung und jede Begegnung, die Sie haben.
- Sie verstricken sich so sehr in das Falsche, dass Sie den gegenwärtigen Moment nicht mehr genießen können
- Sie könnten Depressionen oder Angstzustände entwickeln
- Überlegen Sie, ob Ihrem Leben Sinn oder Zweck fehlt oder ob Ihre spirituellen Ansichten im Widerspruch zu Ihren gegenwärtigen Umständen stehen.

Wenn man unversöhnlich ist, kann man:
Vergebung ist etwas, womit ich lange gekämpft habe.

Ein Akt der Vergebung verspricht, sich auf eine einzigartige Reise des persönlichen Wachstums und der Veränderung zu begeben. Unter den Optionen, die Sie haben, um vom Schmerz zur Vergebung zu gelangen:

- Nehmen Sie sich einen Moment Zeit, um den wohltuenden Einfluss der Vergebung auf Ihr Leben zu schätzen.
- Bestimmen Sie, was geheilt werden muss und wer und wofür vergeben werden muss.
- Erwägen Sie, einer Selbsthilfegruppe beizutreten oder einen Termin mit einem Berater zu vereinbaren.
- Erkennen Sie Ihre Emotionen als Reaktion auf den Schaden, den Sie erlitten haben, und wie sie Ihr Verhalten beeinflussen, und versuchen Sie, sie zu lösen
- Sie müssen eine bewusste Entscheidung treffen, die Person zu vergessen, die Sie in der Vergangenheit verletzt hat.
- Geben Sie Ihre Opferposition auf und verzichten Sie auf den Einfluss und die Macht, die die verletzende Person und Situation über Ihr Leben ausgeübt hat.

Wenn Sie Ihren Groll loslassen, werden Sie feststellen, dass Ihr Leben nicht mehr davon bestimmt wird, wie Sie verletzt wurden. Vielleicht entdecken Sie sogar Mitgefühl und Verständnis.

Was ist, wenn man nicht in der Lage ist, jemandem zu vergeben?

Vergebung kann schwierig sein, umso mehr, wenn die Person, der Sie Unrecht getan haben, sich weigert, ihren Fehler zu akzeptieren. Wenn Sie sich in einer Klemme befinden:

Wenn Sie in Schwierigkeiten sind, versuchen Sie, die Dinge aus der Sicht der anderen Person zu sehen.

- Überlegen Sie, warum sie sich möglicherweise so verhalten. Vielleicht hätten Sie ähnlich gehandelt, wenn Sie mit einem ähnlichen Umstand konfrontiert worden wären.

- Betrachten Sie Momente, in denen Sie anderen geschadet haben und denen, die Ihnen vergeben haben.
- Führen Sie ein Tagebuch, beten Sie oder praktizieren Sie geführte Meditation – oder sprechen Sie mit jemandem, den Sie für weise und fürsorglich halten, wie zum Beispiel einem spirituellen Führer, einem Psychologen oder einem unvoreingenommenen geliebten Menschen oder Freund.
- Vergessen Sie nicht, sich daran zu erinnern, dass Vergebung ein andauernder Prozess ist und selbst der kleinste Verstoß kann es erforderlich machen, ihn mehrmals zu überdenken und zu vergeben.

Ist Vergebung eine Voraussetzung für Versöhnung?

Wenn das traumatische Ereignis jemanden betraf, mit dem Sie Ihre Beziehung sonst schätzen, könnte Vergebung den Weg für eine Versöhnung ebnen. Dies ist jedoch nicht immer der Fall.

Wenn der Täter verstorben oder nicht bereit ist, mit Ihnen zu sprechen, kann eine Versöhnung unmöglich sein. In einigen Fällen kann eine Versöhnung unangemessen sein. Dennoch ist Vergebung möglich – auch ohne Versöhnung.

Was ist, wenn die Person, der ich vergebe, ihr Verhalten nicht ändert?

Der Zweck der Vergebung besteht nicht darin, eine andere Person davon zu überzeugen, ihre Handlungen, ihr Verhalten oder ihre Worte zu ändern. Betrachten Sie Vergebung im Hinblick darauf, wie sie Ihr Leben verändern kann – indem sie Ihnen Frieden, Glück, emotionale und spirituelle Gesundheit schenkt. Vergebung hat das Potenzial, der anderen Person die Macht zu nehmen, die sie weiterhin in Ihrem Leben hat.

Was, wenn ich es bin, der Vergebung braucht?

Die erste Stufe besteht darin, die Fehler, die Sie begangen haben, und ihre Auswirkungen auf andere zu analysieren und einzugestehen. Vermeiden Sie es, zu kritisch mit sich selbst zu sein.

Wenn Sie aufrichtig bereuen, was Sie gesagt oder getan haben, versuchen Sie, sich bei Personen zu entschuldigen, die verletzt wurden. Drücken Sie ehrliches Bedauern oder Trauer aus und bitten Sie um Vergebung – ohne Ausreden.

Denken Sie jedoch daran, dass Sie niemanden dazu zwingen können, Ihnen zu vergeben. Andere müssen ihren eigenen Weg zur Vergebung gehen. Was auch immer passiert, entschließen Sie sich, mit Mitgefühl, Empathie und Respekt gegenüber anderen zu handeln.

ACHT TIPPS, WIE MAN JEMANDEM, DER EINEN VERLETZT HAT, VERGEBEN KANN

Vergebung ist die Fähigkeit, Ihre Gelassenheit zurückzugewinnen, wenn ein bestimmter Aspekt Ihres Lebens nicht wie geplant verläuft. Wer wünscht sich so etwas nicht?

Es ist unvermeidlich, dass andere Menschen Ihnen Schaden zufügen. Es hat einen unangenehmen Geruch. Und gelegentlich verweilt dieses schreckliche Gefühl auf unbestimmte Zeit. Vergebung, laut Fred Luskin, Ph.D. ,99 ist ein einfacher (wenn auch nicht leichter) Weg, um die Stimmung zu verbessern.

Luskin, Gründer der Forgiveness Projects der *Stanford University* und Autor von *Forgive for Good*, sagt, dass Vergeben bedeutet, negative Gefühle oder den Wunsch nach Vergeltung nach einem Fehlverhalten loszulassen. „Sie lassen Ihre innere Bitterkeit, Ihren Hass und Ihr Selbstmitleid los, die mit einem früheren Vorfall verbunden sind", erklärt er.

Luskin hat Jahrzehnte damit verbracht, die Vorteile der Vergebung zu untersuchen. In einer kürzlich erschienenen

Podcast-Episode von Stanford Pathfinders betonte er, dass die meisten Gründe zu vergeben zu Ihrem Vorteil sind. „Wenn Sie sich an eine Verletzung oder Wunde erinnern, die Sie in Ihrem Geist oder Herzen nicht gelöst haben, veranlasst die Erinnerung die Freisetzung von Stresschemikalien. Dies führt zu körperlichen Beschwerden. Wenn Sie sich häufig daran erinnern, belasten Sie Ihren Körper chronisch", er erklärt: „Damit sind physische Kosten verbunden."

Während Vergebung nicht immer eine Versöhnung mit der Person bedeutet, die Ihnen Unrecht getan hat, stellt Luskin fest, dass sie in Beziehungen, die es wert sind, gepflegt zu werden, besonders wichtig ist. „Ich glaube, unsere Kultur hat sich in die entgegengesetzte Richtung verschoben und betont die Bedeutung der Vergebung in Beziehungen, die Sie nicht aufrechterhalten möchten. „Das wahre Bedürfnis nach Vergebung besteht in Ehen, Familien, Geschäftspartnerschaften, Freundschaften und Geschwisterbindungen", sagte er. Hier sind acht Strategien, um das zu erreichen.

Wütend werden, sich verletzt fühlen und trauern
Luskin behauptet, dass Traurigkeit und Wut natürliche und angemessene Emotionen sind, wenn Sie jemand verletzt. Selbstmitleid ist auch eine Form von Selbstmitleid! Darüber hinaus gibt es keinen festgelegten Zeitraum, um den Schmerz zu verarbeiten und zu überwinden. „Vergebung bedeutet, unangenehme Emotionen wie Zorn und Traurigkeit zuzulassen und sie dann loszulassen, weil Sie Frieden mit Ihrer Existenz gefunden haben."

Untersuchen Sie Ihre Wut, um zu sehen, ob sie konstruktiv oder schädlich ist.

Luskin erklärt, dass konstruktive Wut ein Problem in der Gegenwart löst, indem sie Sie dazu bringt, effektiv auf eine Bedrohung zu reagieren. Zerstörerische Wut ist selbsterhaltend und führt zu keinem positiven Ergebnis. „Die Person, auf die Sie wütend sind, ändert sich nicht, und Sie auch nicht. Tatsächlich bauen Sie Gehirnschaltkreise auf, die die Wahrscheinlichkeit von Wut erhöhen." „Es erweist sich als schädlich sowohl für Ihr körperliches Wohlbefinden als auch für das Wohlergehen anderer um Sie herum", wenn Wut eher zur Gewohnheit als zu einer Art der Verarbeitung wird, sagt er. „Es hat keine Wirkung – es ist eine falsche Anwendung eines unserer grundlegendsten Bewältigungsmechanismen."

Keine Sorge – Sie implizieren nicht, dass das Vergehen akzeptabel war

Laut Luskin besteht einer der am weitesten verbreiteten Irrtümer in Bezug auf Vergebung darin, das Verhalten des Täters zu unterstützen. „In Wahrheit impliziert Vergebung keine Verzeihung. Obwohl Sie sich vielleicht bewusst sind, dass das, was Sie tun, nicht richtig ist, treffen Sie dennoch die bewusste Entscheidung, Ihr Herz zu reinigen. Sie rechtfertigen Ihre Handlungen nicht. Sie akzeptieren es einfach und Frieden damit schließen. Das ist ganz anders."

Stressabbau-Praktiken nutzen

Wenn ein Mitglied Ihrer Familie etwas Verletzendes sagt, während Sie zu Abend essen, rät Luskin ein paar Mal tief durchzuatmen. Stressbewältigungstaktiken beruhigen die Kampf-oder-Flucht-Reaktion Ihres Körpers und ermöglichen es Ihnen, ruhig und rational zu bleiben.

Sie müssen sich immer wieder daran erinnern, warum Sie diese Person in Ihrem Leben haben möchten.

Es ist entscheidend, sagt Luskin, sich die guten Dinge vor Augen zu halten, die diese Person für einen getan hat, wenn sie etwas Verletzendes gesagt oder gemacht hat, aber man trotzdem mit ihr in Kontakt bleiben möchte. „Menschen können nicht ersetzt werden. Es ist wichtig, daran zu denken, dass man nur einen Elternteil, eine Mutter und einen besten Freund hat." Luskin betont, dass dies nicht bedeutet, dass Einzelpersonen Misshandlungen ertragen oder in einer missbräuchlichen Beziehung bleiben sollten. Das heißt; erfolgreiche Beziehungen sind schwer aufzubauen und aufrechtzuerhalten, wenn Sie Groll hegen, Punkte sammeln oder Methoden planen, um jemanden für etwas bezahlen zu lassen, das er getan hat.

„Fast jede Beziehung, die Sie jemals hatten, erfordert eine Art Vergebung, um zu überleben", erklärt er. „Jeder ist fehlerhaft, sogar unsere Perspektiven. Daher ist es unvermeidlich, verletzt zu werden. Wir brauchen eine Technik, um loszulassen und Frieden zu schließen, um glückliche, dauerhafte Beziehungen aufrechtzuerhalten."

Grenzen setzen

Ein sanftes Setzen von Grenzen kann notwendig sein, wenn jemand, mit dem Sie eine Beziehung teilen, Ihnen Schmerzen bereitet hat. Luskin behauptet jedoch, dass dies nicht bedeutet, jemanden anzurufen, ihm die Schuld zu geben oder ihn zu verleugnen. „Lernen Sie, klar zu sagen: Was du gerade getan hast, ist nicht akzeptabel.'"

Erkennen, dass man eine formbare Geschichte erzählt
Um uns vor Schaden zu schützen, ist unser Gehirn laut Luskin darauf programmiert, uns Geschichten zu erzählen, die nicht wahr sind. „Wir vereinfachen, um die Gefahr zu betonen. Wir bauen diese mentalen Fehler auf, um uns selbst zu schützen." Laut Luskin besteht die schnellste Methode zur Vergebung darin, die Erzählung zu ändern.

Es ist wichtig, sich daran zu erinnern, dass Ihre Freundin Sie vor fünf Jahren möglicherweise nicht zu ihrer Hochzeit eingeladen hat, weil Sie beide damals möglicherweise schwere Zeiten durchgemacht haben und sie möglicherweise einen Fehler gemacht hat. Sie tat jedoch ihr Bestes angesichts dessen, womit sie arbeiten musste.

In die Rolle des Helden schlüpfen
Laut Luskin ist es eine Form der Viktimisierung, Ihre aktuelle Notlage mit etwas zu verknüpfen, das in der Vergangenheit passiert ist. Er nennt folgendes Beispiel: „Wenn ich sage: ‚Ich bin jetzt sauer, weil meine Frau mich vor drei Jahren verlassen hat‘, schaffe ich eine Opferrolle." Eine genauere Antwort, fügt er hinzu, wäre so etwas wie: „Der Grund, warum ich jetzt unglücklich bin, ist, dass meine Frau mich verlassen hat; mir fehlten die Mittel, um damit umzugehen, und in den Jahren danach habe ich nicht herausgefunden, wie ich damit Frieden schließen kann."

„Wenn Sie sich selbst einreden: ‚Die einzige Person, die mich retten kann, bin ich selbst‘, entwickeln Sie eine heroische Wirksamkeit, die sagt: ‚Ich muss dieses Problem lösen.‘ Ich muss herausfinden, wie ich in einem Leben, das das qualvolle Ende einer Ehe mit sich bringt, in Ordnung und glücklich sein kann", sagt er. Wenn Sie dies tun können, entwickeln Sie ein Bewusstsein für Ihre Belastbarkeit. „Wenn man vergeben kann, erhöht es die eigene Fähigkeit, sein Leben zu meistern. Anstatt sich eingeschränkt oder verängstigt zu fühlen, entwickeln Sie ein Bewusstsein für „Ich weiß, dass ich in der Lage bin, Widrigkeiten zu überwinden." Das ist mit ziemlicher Sicherheit der bedeutendste persönliche Gewinn."

Die Psychologie der Vergebung: Sieben Lektionen darüber, wie man loslassen und vergeben kann

Wir werden ihn als ehemaligen Kunden bezeichnen. Mary war das Opfer einiger der abscheulichsten Kindesmisshandlungen, von denen ich je gehört habe: Um die Gewalt ihres Vaters zu verbergen und „die Familie zu schützen", manipulierte ihre Mutter sie während ihrer gesamten Kindheit emotional, schlug sie regelmäßig und brachte sie ins Krankenhaus. Sie wurde auch mehrmals von einem nahen Familienmitglied sexuell vergewaltigt.

Ich war verblüfft, sowohl von der Tragödie dessen, was ich gerade gelernt hatte, als auch von der Größe der beruflichen Herausforderung, die jetzt vor mir lag. Wie helfe ich jemandem, der allen Grund hat, wütend, traurig und nachtragend zu sein, „es loszulassen", mit seinem Leben weiterzumachen und sogar zu vergeben?

Mary und ich haben über ein Jahr lang zusammengearbeitet. Wir enthüllten nach und nach die Hindernisse für Marys echten Wunsch nach Vergebung während dieser Zeit. Mary erlangte dabei allmählich ein gewisses Maß an Vergebung für ihre Familie – und damit erreichte sie ein Maß an Ruhe in ihrem Leben, das sie nie gekannt hatte.

Wenn ich mit Leuten wie Mary zusammenarbeite, ist das einer der größten Nervenkitzel meines Lebens, weil ich genauso viel lernen kann wie sie.

Das Folgende sind sieben Lektionen über echte Vergebung, die ich mir durch meine Arbeit mit Mary und ähnlichen Personen angeeignet habe.

1. Vergebung ist nicht gleichbedeutend mit Vergessen
Die Idee des „Vergeben und Vergessen" ist in unserer Gesellschaft tief verwurzelt, was bedeutet, dass wir auch das uns angetane Unrecht vergessen müssen.

Das ist absurd.
Wenn Sie keine schwere neurologische Störung haben, ist es ziemlich unwahrscheinlich, dass Sie jemals ein erhebliches Unrecht vergessen können, das Ihnen angetan wurde.

Wenn Ihr Standard für Vergebung jedoch das Löschen von Erinnerungen ist, bereiten Sie sich auf kontinuierliche Unzufriedenheit und sogar Schuldgefühle vor, da dies einfach weder physiologisch noch psychologisch durchführbar ist.

Wir haben zwar keinen Einfluss darauf, welche Erinnerungen bei uns verweilen, aber wir haben Macht über unsere Aufmerksamkeit. Genauer gesagt können wir die Kontrolle darüber ausüben, wie viel Aufmerksamkeit und Grübeln wir darauf verwenden, uns zugefügtes Unrecht weiterzugeben.

Ein gewisses Nachdenken und Verarbeiten der Straftat ist von Vorteil. Es ist jedoch ein Fehler zu glauben, dass Ihr Fokus dortbleiben sollte, nur weil Ihr Geist von einem bestimmten Konzept oder einer bestimmten Erinnerung angezogen wird.

Wenn Sie sich mit diesen spontanen Erinnerungen an Ihren Täter oder die Straftat auseinandersetzen und diese erweitern, erhöht sich die Wahrscheinlichkeit, dass in Zukunft ähnliche Gedanken und Erinnerungen auftauchen. Wenn Sie sie andererseits bemerken, aber Ihre Aufmerksamkeit dann umlenken, verringern Sie die Wahrscheinlichkeit, dass diese Erinnerungen in Zukunft wieder auftauchen.

Schaffen und erhalten Sie gesunde mentale Grenzen. Ihre Stimmung wird es zu schätzen wissen.

Während Sie keine Kontrolle über Ihre Erinnerungen haben, haben Sie die Kontrolle über Ihre Aufmerksamkeit.

2. Vergebung und Wut sind inkompatibel

Es ist natürlich, wütend auf den Täter zu sein. Dafür gibt es zwingende evolutionäre Gründe, einschließlich der Wahrung der sozialen Ordnung und Gerechtigkeit. Wutgefühle stärken auch vorübergehend das Ego.

Unkontrollierte Wut führt jedoch häufig zu einem ungesunden Grad an mentaler Ausarbeitung über das Ihnen angetane Unrecht, was diese Erinnerungen verstärkt und in Ihrem Gedächtnis leicht verfügbar macht.

Je weniger Zeit Sie damit verbringen, Ihre Wut und das, was mit Ihnen passiert ist, im Geiste zu verarbeiten, desto seltener wird Ihr Verstand darüber sprechen.

Wenn Sie bemerken, dass Sie wütend werden, halten Sie kurz an und akzeptieren Sie die Emotion, indem Sie Ihr Recht bekräftigen, wütend zu sein. Fragen Sie sich jedoch, ob es Ihnen auf lange Sicht zugutekommt, das Geschehene weiter auszudehnen und damit Ihren Ärger auszudehnen.

Nur weil Ihre Wut gerechtfertigt ist, ist sie noch lange nicht konstruktiv. Bestätigen Sie Ihren Ärger angemessen, aber füttern Sie ihn nicht.

3. Vergebung ist nicht gleichbedeutend mit Billigung

Vielen Menschen, die mit Vergebung kämpfen, wurden geraten, das Geschehene und Geschehene zu „akzeptieren". Das Problem ist, dass Konzepte wie „Akzeptanz" ungenau sind und verschiedene Dinge implizieren.

Wenn viele Menschen den Begriff „akzeptieren" hören, denken sie, dass es Akzeptanz bedeutet, dass Sie irgendwie cool damit sind oder rationalisieren, was passiert ist.

Aber etwas zu akzeptieren, bedeutet nicht, dass Sie es gutheißen oder in irgendeiner Weise rechtfertigen. Viele Opfer von Ungerechtigkeit werden weiter geschädigt, wenn ihnen vorgegaukelt wird, sie seien für das verantwortlich, was ihnen widerfahren ist. Das ist kaum ein Akt der Akzeptanz.

Akzeptanz beinhaltet das Eingeständnis, dass Sie keine Kontrolle oder Autorität über die Vergangenheit haben.

Dies ist eine unglaublich schwierige Aufgabe für diejenigen, die auf irgendeine Weise missbraucht oder geschädigt wurden, denn der Glaube, dass die Vergangenheit kontrollierbar ist, gibt uns ein Gefühl der Macht.

Letztlich ist es jedoch eine Täuschung. Sich selbst zu erlauben, seinen Drang loszulassen, die Vergangenheit zu kontrollieren, ist entscheidend, um die Kontrolle über seine Zukunft zurückzugewinnen.

Eine Beleidigung gegen Sie zu akzeptieren, bedeutet nicht, sie zu entschuldigen.

4. Vergebung ist nicht von Versöhnung abhängig

Viele Menschen, denen Unrecht getan wurde, glauben, dass sie sich mit dem Übeltäter versöhnen müssen.

Ich habe herausgefunden, dass dies besonders häufig bei Personen mit stark religiöser Erziehung der Fall ist. Obwohl ich nicht für die genauen religiösen Überzeugungen von jemandem sprechen kann, weiß ich, dass Versöhnung aus psychologischer Sicht nicht notwendig ist, um zu vergeben. Sich daran zu klammern, kann sogar kontraproduktiv sein, um echte Vergebung zu erlangen.

Vergebung von Versöhnung abhängig zu machen bedeutet, andere Menschen nicht zu beeinflussen. Egal wie sehr Sie möchten, dass die Person, die Sie misshandelt hat, ihren Fehler erkennt, eine authentische Entschuldigung und Entschädigung liefert und die Beziehung heilt, Sie haben keinen Einfluss darauf. Und es ist gefährlich, Zeit und Energie darauf zu verwenden, Kontrolle über Dinge auszuüben, über die wir letztendlich keine Kontrolle haben.

Ich habe zahlreiche Personen beobachtet, die so sehr damit beschäftigt – grenzwertig besessen – sind, sich mit ihrem Täter zu versöhnen, dass ihnen die mentale und emotionale Energie fehlt, die notwendig ist, um an den Bereichen der Vergebung zu arbeiten, über die sie die Kontrolle haben. Anders ausgedrückt: Das Erfordernis einer Versöhnung, bevor jemandem vergeben wird, ist mit hohen Opportunitätskosten verbunden.

Wenn Sie sich nach Versöhnung sehnen, tun Sie dies, aber rechnen Sie nicht damit.

5. Vergebung ist nicht eine einzige Wahl

Während Vergebung mit einer einzigen Entscheidung beginnt, hört sie dort nicht auf.

Unabhängig davon, wie viele Geschichten Sie über den „Moment der Vergebung" hören, denken Sie daran, dass Vergebung eine Reise, ein Prozess ist.

- Auch wenn eine klare Entscheidung und Verpflichtung zur Vergebung ein wichtiger erster Schritt ist, denken Sie daran, dass dies nur ein erster Schritt ist. Es gibt wahrscheinlich zahlreiche zusätzliche Schritte auf dem Weg zur Vergebung:
- Sie werden den Verwandten, mit dem Sie Streit hatten, bei zukünftigen Familienfesten sehen.
- Von Zeit zu Zeit tauchen Erinnerungen an Ihr Trauma auf.
- Ihre Bemühungen um Versöhnung werden mit Feindseligkeit beantwortet.

Ein einziger Akt der Vergebung reicht nicht aus. Sein Sie bereit, Tag für Tag zu vergeben. Und auch wenn das Vergeben mit der Zeit einfacher wird, endet es nie.

Vergebung ist keine Wahl; es ist eine Einstellung, eine geistige Gewohnheit.

6. Vergebung ist ein Geisteszustand, keine Empfindung.
Viele Menschen kämpfen mit Vergebung, weil sie den Akt des Vergebens mit dem erwarteten emotionalen Ergebnis verwechseln. Insbesondere die meisten Menschen, die mit Vergebung kämpfen, wünschen sich, sich besser zu fühlen – Seelenfrieden, weniger Zorn und Hass, Gelassenheit und Stabilität und möglicherweise sogar Mitgefühl oder Liebe gegenüber ihrem Täter oder der Person, die ihnen Schaden zugefügt hat.

Wie wir uns als Ergebnis der Vergebung fühlen, ist jedoch eine Folge der Vergebung, nicht eine Ursache der Vergebung.

Außerdem sind die Gefühle, die Vergebung begleiten (oder nicht begleiten), nicht immer dieselben. Sie variieren erheblich je nach den beteiligten Personen und Bedingungen.

Es gibt kein universelles Gesetz, das garantiert, dass sich jeder durch Vergebung in Frieden fühlen wird. Tatsächlich besteht eine der Schwierigkeiten echter Vergebung darin, sich mit der Wahrheit abzufinden, dass Ihre emotionale Reaktion auf ein erhebliches Unrecht, das Ihnen gegenüber begangen wurde, grundsätzlich außerhalb Ihrer Kontrolle liegt.

Sie haben direkte Kontrolle über Ihre Handlungen – wie Sie denken und sich verhalten, einschließlich der Entscheidung zu vergeben – aber nicht über Ihre Gefühle.

Während Vergebung dazu führt, dass sich Menschen besser fühlen, ist es ein Fehler, eine bestimmte Reihe von Emotionen zu erwarten.

Vergebung ist eine Entscheidung, keine Emotion.

7. Der Weg zur Vergebung liegt bei einem selbst

Nachdem ein Unrecht gegen uns begangen wurde, wird unsere emotionale Landschaft von ein oder zwei starken (und manchmal kulturell tief verwurzelten) Emotionen dominiert, am häufigsten von einer Art Wut. Es sind jedoch fast immer zusätzliche Emotionen im Spiel, die auf dem Weg zur Vergebung berücksichtigt werden sollten.

Entwickeln Sie die Gewohnheit, über und unter Ihre äußerlich ausgedrückten Emotionen zu schauen und kleinere, subtilere zu entdecken. Dies sind zum Beispiel ebenso gültige Emotionen wie Ihre Wut, aber sie können nützlicher sein.

Wenn Sie sich zum Beispiel erlauben, Trauer, Bedauern und Mitleid für das zu empfinden, was passiert ist, können Sie Ihren Täter und Ihre Straftat möglicherweise anders sehen.

Infolgedessen kann es Ihnen helfen, anders zu denken und zu handeln, um Ihre Handlungen und Überzeugungen besser an Ihren langfristigen Bestrebungen nach Vergebung und Akzeptanz auszurichten.

Akzeptieren Sie die emotionale Einzigartigkeit Ihres Weges zur Vergebung.

Alles, was man wissen sollte
Wir betrachten Vergebung häufig in verschwommenen ethischen oder philosophischen Begriffen. Der Weg zur Vergebung ist jedoch grundsätzlich psychologisch, nicht moralisch:

• Welche geistigen Praktiken befreien uns wirklich von früheren Übertretungen und Fehlverhalten?
• Welche Entscheidungen und Aktivitäten können wir ergreifen, um wahren Seelenfrieden zu erlangen?
• Welche Verbindung zur Vergangenheit hilft uns am ehesten weiter?

Um echte Vergebung zu erfahren und mit unserem Leben voranzukommen, müssen wir zuerst die manchmal kontraintuitive Psychologie der Vergebung begreifen und uns dann unserer Reise zu echtem Frieden und echter Freiheit verpflichten.

Wie man jemandem vergeben kann, der einen verletzt hat, in 15 einfachen Schritten
Anderen zu vergeben ist entscheidend für die spirituelle Entwicklung. Während die Erfahrung, von jemandem verletzt

zu werden, immer noch unangenehm ist, wurde sie auf ein Konzept oder eine Empfindung reduziert, die Sie mit sich herumtragen. Diese Vorstellungen von Groll, Wut und Hass spiegeln langsame, schwächende Energien wider, die Sie allmählich entmachten, wenn Sie ihnen erlauben, in Ihrem Kopf Platz zu nehmen. Wenn Sie diese befreien könnten, hätten Sie mehr Raum für Gelassenheit.

Ich habe unten eine 15-Schritte-Anleitung beigefügt, wie Sie jemandem vergeben können, der Ihnen Unrecht getan hat:

Schritt 1: Fahren Sie mit dem folgenden Akt fort
Ihre Vorgeschichte und all Ihre Schmerzen wurden aus Ihrer physischen Existenz entfernt. Erlaube ihnen, in Ihrem Kopf zu bleiben und Ihre aktuellen Momente auszublenden.. Ihr Leben gleicht einem Theaterstück mit mehreren Akten. Einige der Charaktere, die ankommen, haben relativ wenige Rollen zu füllen, während andere sehr bedeutende Rollen haben. Einige sind Antagonisten, während andere gute Spielpartner sind. Sie sind jedoch alle notwendig; sonst würde das Drama nicht existieren. Akzeptieren Sie sie alle und fahren Sie mit dem nächsten Akt fort.

Schritt 2: Verbinden Sie sich wieder mit Ihrem höheren Selbst.
Schließen Sie einen neuen Pakt mit sich selbst, um ständig mit Ihrem höheren Selbst verbunden zu bleiben, auch wenn es unmöglich erscheint. Wenn Sie dies tun, wird die Vermehrung des Grades an perfekter Harmonie ermöglicht, für den Ihr Körper gebaut wurde. Erlauben Sie der universellen Liebe, Ihre Wunden zu heilen und erlauben Sie der höheren Energie, durch Sie zu fließen.

Ihre neue Übereinstimmung mit der Realität, in der Ihr physisches Selbst und Ihre Persönlichkeit mit Ihrem spirituellen, mit der höchsten Energie, von Vielen auh Gott genannt, verbundenen Selbst verschmolzen sind, wird Sie veranlassen, eine höhere Energie der Liebe und des Lichts auszustrahlen. Wohin Sie auch gehen, andere werden das Leuchten Ihres höheren Bewusstseins spüren, und in Ihrer Gegenwart werden Disharmonie, Unordnung und alle Arten von Schwierigkeiten einfach nicht gedeihen. Wie es der heilige Franziskus in der ersten Zeile seines berühmten Gebets wünscht, werde „ein Instrument des Friedens".

Schritt 3: Vermeiden Sie es, wütend zu schlafen

Mein Ziel ist es, zu vermeiden, beim Schlafengehen an etwas zu denken, das ich nicht in meinem Kopf haben möchte, wenn ich aufwache. Ich entscheide mich dafür, meinem Unterbewusstsein mein Bild von mir selbst als universellen Schöpfer einzuprägen, der in Harmonie mit dem einen Bewusstsein ist. Ich wiederhole meine Vorstellung, dass ich gesegnet bin, und behalte im Hinterkopf, dass mein Schlummer von meiner letzten wachen Vorstellung von mir selbst beeinflusst wird. Ich bin ruhig, zufrieden und freundlich, und ich ziehe nur diejenigen an, die mit meinen besten Vorstellungen von mir selbst in Verbindung stehen.

Das ist meine Schlafenszeit-Übung, und ich widerstehe immer dem Wunsch, jede Angst vor Unannehmlichkeiten, die mein Ego vielleicht verlangt, erneut zu überdenken. Ich übernehme die körperlichen Empfindungen, die mit bereits erfüllten Behauptungen verbunden sind. Mir ist bewusst, dass ich mich im Schlaf einer Gehirnwäsche unterziehen lasse, denn am nächsten Tag wache ich auf und weiß, dass ich ein Free Agent bin.

Während des Schlafens prägt der Mensch sein Selbstkonzept in das Unterbewusstsein ein. — Goddard, Neville

Schritt 4: Richten Sie den Fokus von der Schuldzuweisung auf andere darauf, sich selbst kennenzulernen.
Wenn Sie über das Verhalten anderer empört sind, verlagern Sie Ihren Fokus weg von Menschen, die Sie für Ihr inneres Unglück verantwortlich machen. Geben Sie niemandem oder irgendetwas die Schuld für Ihre Gefühle; Lassen Sie das Ereignis einfach so ablaufen, wie es sich in Ihrem Kopf natürlicherweise entwickeln wird. Machen Sie sich darüber hinaus keine Vorwürfe! Denken Sie daran, dass niemand befugt ist, Ihnen ohne Ihre Erlaubnis Unbehagen zu bereiten, und dass diese Person im Moment dafür sorgt, dass Sie sich unwohl fühlen.

Vergewisseren Sie sich, dass Sie Ihre Gefühle ausdrücken können, ohne sie als „gut" oder „schlecht" zu beurteilen. Auf diese Weise haben Sie Ihren Fokus auf die Selbstbeherrschung verlagert. Es ist entscheidend, Schuldzuweisungen und sogar Ihren Wunsch, die andere Person zu verstehen, zugunsten der Selbsterkenntnis beiseitezulegen.

Indem Sie die Verantwortung für Ihre Reaktion auf irgendetwas oder irgendjemanden übernehmen, verbinden Sie sich mit dem wunderbaren Tanz des Lebens. Indem Sie Ihre Wahrnehmung der Macht ändern, die andere über Sie ausüben, werden Sie eine ganz neue Welt grenzenloser Möglichkeiten für sich selbst eröffnen. Sie werden schnell verstehen, wie Sie alles vergeben und loslassen können.

Schritt 5: Vermeiden Sie es, anderen zu sagen, was sie tun sollen

Vermeiden Sie Ideen und Handlungen, die Einzelpersonen sagen, was sie tun sollen, wenn sie vollkommen in der Lage sind, ihre eigenen Entscheidungen zu treffen. Denken Sie daran, dass niemand in Ihrer Familie Ihr Eigentum ist. Kahlil Gibrans Gedicht dient als Mahnung: Deine Kinder sind nicht deine Kinder. Sie sind die Nachkommen der Sehnsucht des Lebens nach sich selbst. Sie gehen durch dich hindurch, haben aber ihren Ursprung nicht bei dir...

Dies gilt allgemein. Ignorieren Sie in der Tat jeden Wunsch, in Ihren Interaktionen zu dominieren. Anstatt zu erklären, hören Sie zu. Achten Sie auf Ihre wertenden Ideen und sehen Sie, wohin die Selbsterkenntnis Sie führt. Wenn Sie eine Besitzmentalität zugunsten einer des Zulassens aufgeben, werden Sie beginnen, die wahre Entfaltung des Tao in sich selbst und anderen zu beobachten. Von diesem Zeitpunkt an werden Sie nicht mehr von anderen irritiert, die sich nicht nach Ihren egoistischen Erwartungen verhalten.

Schritt 6: Entwickeln Sie die Fähigkeit, loszulassen und wie Wasser zu fließen

Anstatt zu versuchen, durch Ihre Stärke zu dominieren, seien Sie wie Wasser und fließen Sie, wo immer eine Öffnung vorhanden ist. Akzeptieren Sie andere Sichtweisen mehr, um Ihre Ecken und Kanten abzumildern. Mischen Sie sich weniger ein und verlassen Sie sich mehr auf das Zuhören als auf das Führen und Belehren. Wenn Ihnen jemand seine Perspektive mitteilt, sollten Sie erwägen, zu antworten: „Das habe ich noch nie in Betracht gezogen – danke. Ich werde darüber nachdenken."

Wenn Sie sich des Eingreifens enthalten und stattdessen, wie Wasser fließen – sanft und unaufdringlich – werden Sie zur Vergebung.

Denken Sie, dass Sie die gleichen Eigenschaften wie Wasser haben. Erlauben Sie Ihrem weichen, verletzlichen, nachgiebigen, fließenden Selbst den Zugang zu Räumen, von denen Sie zuvor aufgrund Ihrer Tendenz, solide und unnachgiebig zu sein, ausgeschlossen waren. Fließen Sie sanft in das Leben derer ein, mit denen Sie uneins sind: Stellen Sie sich vor, wie Sie auf ihr privates inneres Selbst zugreifen und vielleicht zum ersten Mal verstehen, was sie durchmachen. Behalten Sie diese Vision von sich selbst als sanft fließendes Wasser bei und sehen Sie die Veränderungen in Ihren Beziehungen.

Schritt 7: Übernehmen Sie die persönliche Verantwortung für Ihren Beitrag
Schuldzuweisungen zu beseitigen bedeutet, niemals jemand anderem die Schuld für die eigenen Erfahrungen zuzuweisen. Es impliziert, dass Sie bereit sind zu sagen: „Ich verstehe vielleicht nicht, warum ich so fühle, warum ich diese Krankheit habe, warum ich zum Opfer wurde oder warum ich diesen Unfall hatte, aber ich bin bereit, es ohne Gefühle zuzugeben schuldig oder nachtragend. Ich lebe damit und bin für seine Präsenz in meinem Leben verantwortlich."

Wenn Sie die Verantwortung dafür übernehmen, die Erfahrung gemacht zu haben, haben Sie die Möglichkeit, die Verantwortung dafür zu übernehmen, sie zu löschen oder daraus zu lernen. Wenn Sie für einen Migränekopfschmerz oder ein deprimierendes Gefühl auf geringfügige (möglicherweise unbekannte) Weise verantwortlich sind, können Sie versuchen, es zu beseitigen oder seine Botschaft für Sie zu finden. Auf der anderen Seite müssen Sie warten, bis sich jemand oder etwas anderes in Ihrem Kopf ändert, bevor Sie sich verbessern können. Und das ist höchst unwahrscheinlich. Infolgedessen kehren Sie mit nichts nach Hause zurück und werden mit nichts zurückgelassen, obwohl Ruhe wirklich auf der anderen Seite der Medaille ist.

Schritt 8: Groll loslassen

Was führt zu Frustration und Wut nach einer Meinungsverschiedenheit? Die Leute antworten normalerweise mit etwas wie: „Ich habe das Recht, wütend zu sein, wenn meine [Tochter, Schwiegermutter, Ex-Mann, Chef oder wen auch immer Sie denken] so mit mir spricht!" und fahren Sie dann fort, alle Gründe zu erklären, warum die andere Person falsch und unvernünftig ist.

Wenn Sie jedoch ein Tao-erfülltes Leben führen möchten, müssen Sie diese Denkweise umkehren. Ressentiments entstehen nicht als Ergebnis des Verhaltens der anderen Partei während einer Begegnung; vielmehr überleben und gedeihen sie, weil Sie sich weigern, die Auseinandersetzung mit einem Ausdruck von Freundlichkeit, Liebe und echter Vergebung zu beenden. Wie Lao-Tzu es ausdrückt, muss jemand das Risiko eingehen, sich mit Freundlichkeit zu rächen, sonst wird Hass niemals Freundlichkeit weichen. - Lao Tzu

Nach all dem Gebrüll, Schreien und Drohen ist also der Moment der Ruhe gekommen. Denken Sie daran, dass kein Sturm ewig andauert und dass in jedem Sturm Samen der Ruhe liegen. Es gibt eine Zeit und einen Ort für Antagonismus, und es gibt eine Zeit und einen Ort für Frieden.

Schritt 9: Wählen Sie Freundlichkeit statt Korrektheit

Aus diesem Grund lautet das chinesische Sprichwort so: „Wenn Sie beabsichtigen, sich an jemandem zu rächen, sollten Sie ihn in zwei getrennten Gräbern begraben", was ich als Hinweis darauf nehme, dass der Groll Sie schließlich zerfressen würde.

Die Welt ist, wie sie ist. Menschen, die sich in der Welt „schlecht" verhalten, tun genau das, was sie tun sollten. Sie können es beliebig weiterverarbeiten. Wenn Sie wegen all diesen „Problemen" wütend werden, tragen Sie zur Verunreinigung durch Wut bei. Denken Sie stattdessen daran, dass Sie nicht verpflichtet sind, das Unrecht anderer zu korrigieren oder sich zu rächen, wenn Ihnen Unrecht zugefügt wird.

Stellen Sie sich das folgende Szenario vor: Jemand sagt Ihnen etwas, das Sie anstößig finden, und anstatt mit Groll zu reagieren, lernen Sie, die Aussage zu entpersönlichen und freundlich zu antworten. Sie sind bereit, größere, schnellere Energien der Liebe, des Friedens, der Freude, der Vergebung und der Freundlichkeit als Antwort auf alle auftretenden Umstände zu senden. Sie tun dies zu Ihrem Vorteil. Ist es nicht schöner freundlich, statt korrekt zu sein?

Schritt 10: Experimentieren Sie mit Geben

Bevor Sie eine Auseinandersetzung oder einen Streit hinterlassen, üben Sie sich darin, eher zu geben als zu nehmen. Geben bedeutet, sein Ego aufzugeben. Während das Ego sich durch Widerstand und Verachtung durchsetzen und seine Überlegenheit demonstrieren möchte, wünscht sich Ihre Tao-Natur Frieden und Harmonie. Sie können die Zeit, die Sie mit Streiten verbringen, um die Hälfte reduzieren, wenn Sie folgendes Verfahren befolgen:

Wo auch immer Sie sind, wann immer starke Emotionen in Ihnen aufsteigen und Sie sich des Wunsches bewusstwerden, „das Richtige zu tun", rezitieren Sie still die folgenden Zeilen aus dem Gebet des Heiligen Franziskus: Wo immer es verletzt wird, [lass mich] Vergebung bringen.

Seien Sie ein Spender der Vergebung, wie er es anweist:
- Liebe bringen, wo Hass ist.
- Licht wo Dunkelheit ist.
- Vergeben Sie, wo verletzt wird.

Das tägliche Lesen dieser Zeilen kann Ihnen helfen, die Forderungen Ihres Egos zu überwinden und die Fülle des Daseins zu erfahren.

Schritt 11: Beenden Sie Ihre Suche nach Gründen, sich verletzt zu fühlen
Wenn Sie auf oder unter dem durchschnittlichen Bewusstseinsniveau agieren, wenden Sie viel Zeit und Energie darauf auf, nach Gelegenheiten zu suchen, sich beleidigen zu lassen. Eine Nachricht, ein unhöflicher Besucher, jemand, der flucht, ein Niesen oder eine schwarze Wolke – fast alles reicht als Entschuldigung, um sich aufzuregen. Eine Person zu werden, die von nichts und niemandem beeinflusst wird, ist ein lebenslanger Prozess.

Wenn Sie ausreichend Vertrauen in Ihre Ansichten haben, werden Sie feststellen, dass Sie nicht durch die Meinungen und das Verhalten anderer beleidigt werden können.

Nicht beleidigt zu sein, ist eine Art zu sagen: „Ich habe die Macht darüber, wie ich mich fühle, und unabhängig davon, was ich beobachte, entscheide ich mich dafür, ruhig zu bleiben." Wenn Sie beleidigt sind, betreiben Sie Urteilspraxis. Sie bewerten das Verhalten einer anderen Person als ignorant, unsensibel, unhöflich, arrogant, rücksichtslos oder töricht, und dann werden Sie durch ihr Verhalten irritiert und beleidigt. Jemand anderen zu definieren ist nicht das, was Sie tun, wenn Sie ihn beurteilen, da Sie es vielleicht nicht bemerken, wenn Sie ihn beurteilen. Sie definieren sich selbst als eine Person, die über andere urteilen muss.

Schritt 12: Vermeide es, in der Vergangenheit zu leben – konzentriere dich auf die Gegenwart

Wenn wir Schwierigkeiten haben zu vergeben, liegt das häufig daran, dass wir nicht im gegenwärtigen Moment leben und stattdessen der Vergangenheit einen höheren Stellenwert beimessen. Wir widmen einen erheblichen Teil unserer Energie und Konzentration darauf, die guten alten Tage zu bereuen, die an uns vorbeigezogen sind, da dies der Grund dafür ist, dass wir in der Gegenwart nicht glücklich und erfüllt sein können. „Alles hat sich geändert", „Niemand hat die gleiche Wertschätzung für andere wie früher ..." Das gibt der Vergangenheit die Schuld für Ihre Unfähigkeit, heute glücklich zu sein.

Andere Organismen werden den gegenwärtigen Moment wahrscheinlich nicht mit Gedanken an die Vergangenheit oder Zukunft verschwenden. Ein Biber tut nichts als Biber, und er macht es perfekt. Er vergeudet seine Tage nicht damit, zu jammern, dass seine Biber-Geschwister mehr Fürsorge hatten oder dass sein Vater Biber mit einem jüngeren Biber geflohen ist, als er noch ein Kind war. Er ist ständig präsent. Wir können viel von Gottes Schöpfungen darüber lernen, wie wir den gegenwärtigen Moment genießen können, anstatt ihn im Zorn über die Vergangenheit oder in Angst vor der Zukunft zu verschwenden. Indem Sie die Schönheit erkennen, die Sie heute umgibt, können Sie üben, im Jetzt zu leben.

Schritt 13: Akzeptieren Sie schwierige Zeiten

In einem Universum mit einer intelligenten Struktur, die von einer übernatürlichen schöpferischen Kraft unterstützt wird, kann es keine Unfälle geben. Es ist nicht zu leugnen, dass das, was Sie durchgemacht haben, es bis zu diesem Punkt geschafft hat, auch wenn es schmerzhaft ist, es zuzugeben. Jeder spirituelle Fortschritt, den Sie in Ihrem Leben machen, wird mit ziemlicher Sicherheit von einem Sturz oder einer offensichtlichen Katastrophe begleitet. All diese schrecklichen Momente, Unfälle, schwierigen Episoden, Trennungen, Zeiten der Armut, Krankheiten, Misshandlungen und zerbrochenen Träume waren notwendig. Sie sind aufgetreten, daher können Sie davon ausgehen, dass sie rückgängig gemacht werden mussten und nicht rückgängig gemacht werden können.

Umarmen Sie sie von diesem Standpunkt aus, begreifen Sie sie, akzeptieren Sie sie, ehren Sie sie und verwandlen Sie sie schließlich.

Schritt 14: Unterlassen Sie ein Urteil

Wenn Sie aufhören zu urteilen und nur ein Beobachter werden, werden Sie innere Gelassenheit erfahren. Mit diesem Gefühl des inneren Friedens werden Sie feststellen, dass Sie glücklicher und frei von der schlechten Energie des Grolls sind. Außerdem werden Sie feststellen, dass andere sich viel mehr zu Ihnen hingezogen fühlen. Ein friedlicher Mensch zieht friedliche Energien an.

Wenn ich ein Wesen der Liebe bin, das von meinem besten Selbst lebt, dann muss Liebe alles sein, was ich in mir habe und alles, was ich zu geben habe. Wenn jemand, der mir wichtig ist, beschließt, nicht das zu sein, was mein Ego begehrt, muss ich ihm die Komponenten meines ultimativen Selbst anbieten: Gott und Gott ist Liebe.

Meine Kritik und Verurteilung der Gedanken, Gefühle und Verhaltensweisen anderer – unabhängig davon, wie richtig und edel mein menschliches Selbst mich davon überzeugt – sind einen Schritt von der Gottverwirklichung entfernt. Und es ist Gottesbewusstsein, das es mir ermöglicht, meine Wünsche zu manifestieren, solange sie mit meiner Quelle des Seins übereinstimmen. Ich kann zahlreiche Gründe aufzählen, warum ich gegenüber einem anderen Kind Gottes kritisch und verurteilend sein sollte und warum, verdammt noch mal, ich recht habe. Wenn ich jedoch wirklich wünsche, meine Welt zu perfektionieren – und das tue ich –, dann muss ich diese Urteile durch Liebe ersetzen.

Schritt 15: Senden Sie Liebe

Ich verbrachte viel Zeit und Energie damit, Patanjalis Lehren zu studieren. Er erinnerte uns vor vielen tausend Jahren daran, dass alle Lebewesen aufhören, Feindseligkeit in unserer Gegenwart zu spüren, wenn wir standhaft sind – das heißt, wir lassen niemals in unserer Abstinenz von Gedanken nach, die anderen Schaden zufügen.

Jetzt verstehe ich, dass wir alle Menschen sind: Sie, ich und alle anderen. Während wir regelmäßig von unserem höchsten Selbst abweichen und uns auf Urteile, Kritik und Verurteilung einlassen, ist dies kein Grund, sich auf diese Art von Engagement einzulassen. Ich kann Ihnen nur sagen, dass ich sofort innere Zufriedenheit verspürte, als ich es endlich verstanden hatte und einem anderen Kind Gottes, das ich kritisiert und verurteilt hatte, nur Liebe schickte.

Ich flehe Sie an, den Menschen Liebe zu schicken, anstatt sie zu verurteilen und zu kritisieren, wenn Sie glauben, dass sie Ihre Freude und Ihr Glück behindern, und sie in diesem Raum der Liebe zu halten. Denken Sie daran, dass sich auch die Dinge, die Sie sehen, ändern, wenn Sie festbleiben, wenn Sie Ihre Perspektive ändern.

Eine letzte Meditation über die Liebe

Betrachten Sie sich nach einem Streit oder einem bedeutenden Konflikt. Anstatt mit anhaltender Wut, Rache und Verletzung zu reagieren, stellen Sie sich vor, wie Sie Freundlichkeit, Liebe und Vergebung bieten.

Senden Sie diese „wahre Tugend"-Ideen an alle Ressentiments, die Sie jetzt hegen. Machen Sie Folgendes zu Ihrer regelmäßigen Antwort auf zukünftige Konfrontationen: Ich ende immer mit einem hohen Ton der Liebe!

VERGEBUNGSERZIEHUNG ZUR FÖRDERUNG DES SOZIAL-EMOTIONALEN LERNENS UND DES CHARAKTERS

Die Schüler lernen den ganzen Tag über zahlreiche Lektionen zwischen Schule, Beruf und außerschulischen Aktivitäten. Eine Lektion, die sie wahrscheinlich nicht genug erhalten, ist jedoch, wie man vergibt und warum Vergebung für einen glücklichen und gesunden Lebensstil von entscheidender Bedeutung ist.

Anstatt sich in den Debatten vieler Länder auf Ressentiments, Eifersucht und Rache zu konzentrieren, müssen wir unseren Kindern, die die Führer der nächsten Generation sind, beibringen, wie man verzeiht und aufgeschlossen ist. In diesem Abschnitt werden die Forschung, die Vergebung als Charaktertugend unterstützt, die für Vergebung erforderlichen Fähigkeiten des sozial-emotionalen Lernens (SEL) und einige Möglichkeiten zum Lehren und Fördern von Vergebung im Klassenzimmer erörtert.

Die Förderung der Empathie der Opfer gegenüber ihren Tätern ist eine entscheidende Methode, um Vergebung zu erlangen; daher kann die Förderung von Empathie den

Schülern helfen, ihr Selbstbewusstsein zu verbessern und die Vergebung zu erleichtern.

Darüber hinaus ergab eine andere Studie, dass eine angenehme Schulerfahrung erheblich zum Glück und zur Lebenszufriedenheit von Kindern beisteuert und zur Vergebungsbereitschaft eines Schülers beiträgt. Es hat sich auch gezeigt, dass Vergebung bei der Entwicklung verschiedener wesentlicher SEL-Merkmale von Vorteil ist, darunter Beziehungsfähigkeiten, die mit der Berücksichtigung der Bedürfnisse anderer verbunden sind, und angenehme Interaktionen im Klassenzimmer mit Lehrern und Klassenkameraden. Schließlich hat die Forschung gezeigt, dass Vergebung mit erhöhter Bindungssicherheit und Empathie und verringerter Eifersucht zusammenhängt. Zahlreiche andere Forschungsstudien deuten darauf hin, dass Vergebung mit erhöhtem Mitgefühl und emotionalem Wohlbefinden verbunden ist.

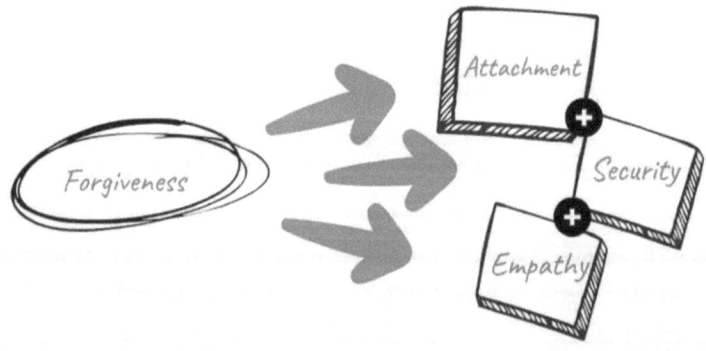

Studien zufolge wurde Vergebung mit größerer Verbindungssicherheit und Empathie in Verbindung gebracht.

Es ist nie zu spät, den Schülern eine Wertschätzung für Vergebung beizubringen. Es ist möglich, viele Ressourcen zum Lehren, Diskutieren und Üben von Vergebung in allen Klassenstufen zu finden. Hier ein paar Illustrationen:

K-5. Klasse:
Für kleine Kinder, die noch nie etwas von Vergebung gehört haben, könnten Lehrer ihnen Fälle von Vergebung in Aktion zeigen und ihre Bedeutung unterstreichen.

1. Besprechen Sie als Klasse die Bedeutung von Vergebung. Wie oft haben Sie jemandem eine Übertretung Ihrer Grenzen vergeben? Tun Sie dies mit ein paar Schülern und sehen Sie, was sie zu sagen haben.

Überlegen Sie, warum Vergebung hilfreich sein kann

2. Stellen Sie sich vor, warum die Absolution hilfreich sein kann. Skizzieren Sie dann an dieser Stelle die Vorteile der Begnadigung in grundlegenden Begriffen (wie erweiterte Empfindungen der Befriedigung und das Schaffen geerdeter Kameraden).

3. Spielen Sie verschiedene Szenarien durch, in denen die Absolution ausgearbeitet werden könnte.

4. Implementieren Sie „Ich"-Artikulationen statt „Du"-Proklamationen.

6.-8. Klasse:

Neben der Förderung der Absolution bei privaten Veranstaltungen sollten weitere Gruppen diese Qualität in einer schulischen Umgebung verstärken.

1. Veranstalten Sie eine gute Diskussion, indem Sie der neuen Gruppe die Wahl lassen, bei verschiedenen Themen, die möglicherweise unterschiedliche Perspektiven haben, die Seite mit „Ja", „Nein" oder „Möglicherweise" zu vertreten, und bitten Sie sie, ihre Meinung zu teilen (z. B. Sollten alle Schüler lernen, wie man argumentiert" oder „Sollten die Schulstunden verkürzt werden?") Diese Diskussionen ermöglichen es den Schülern, mehr Achtsamkeit zu entwickeln und die Sichtweisen anderer zu verstehen.

Veranstalten Sie eine offene Debatte, indem Sie den Schülern die Wahl zwischen „Ja", „Nein" oder „Vielleicht" lassen.

2. Stellen Sie ein Szenario vor und bitten Sie die Schüler, die vielen Ansichten und Maßnahmen zu bewerten, die als Reaktion darauf ergriffen werden könnten. Zum Beispiel kann der Lehrer drei unterschiedliche Methoden vorschlagen, bei denen eine Gruppe von Freunden in einen Streit verwickelt ist. Das

Problem könnte eines sein, mit dem viele Mittelschüler konfrontiert sind, wie z. B. Schwierigkeiten beim Verzeihen. Der Lehrer kann den Schülern Rollen zuweisen und sie bitten, die Perspektive der vielen Akteure des fiktiven Ereignisses einzunehmen. Dieses Projekt wird die Schüler dazu ermutigen, darüber nachzudenken, wie andere Menschen Emotionen verarbeiten, ob sie vergeben sollten oder nicht, und die Vorteile der Vergebung.

3. Lassen Sie Lehrer und Berater Einzelgespräche mit Schülern führen und Vergebungslösungen geben.

9.-12. Klasse:
1. Verwenden Sie Dialektikkurse und Übungen, um zu beobachten, wie sich Charaktere in den Büchern, die sie lesen, auf Vergebung einlassen oder nicht, bewerten Sie die Dynamik und verfassen Sie einen Aufsatz über einen Vorfall im Zusammenhang mit Vergebung. Die Schüler sollten in kleinen Gruppen sprechen, wobei jede Gruppe ihre kritischen Erkenntnisse für den Rest der Klasse präsentiert.

Die Schüler sollten verstehen, dass ihre Lehrer immer da sind, um sich ihre Geschichten anzuhören.

2. Ermutigen Sie die Schüler, einen Buchclub zu gründen, um Lehren zu diskutieren, die sie aus Romanen mit einem Thema Vergebung gelernt haben (wie „The Kite Runner" von Khaled Hosseini oder „Die blinde Seite des Herzens" von Julia Franck).

3. Nehmen Sie Kontakt mit Beratungslehrern auf und informieren Sie die Kinder, dass ihre Lehrer und das Schulpersonal immer da sind, um sich ihre Geschichten anzuhören und sie zum Verzeihen zu ermutigen.

4. Fördern Sie die Fähigkeit der Schüler, die Dinge aus einer anderen Perspektive zu sehen, wenn sie glauben, ungerecht behandelt worden zu sein. Unterstützen Sie die Schüler dabei, die Vorteile zu schätzen, die es hat, ihren Ärger und Groll über eine bestimmte Situation nicht einfach zu akzeptieren und zu speichern. Unterstützen Sie sie beim Rollenspiel eines möglichen Weges zur Vergebung.

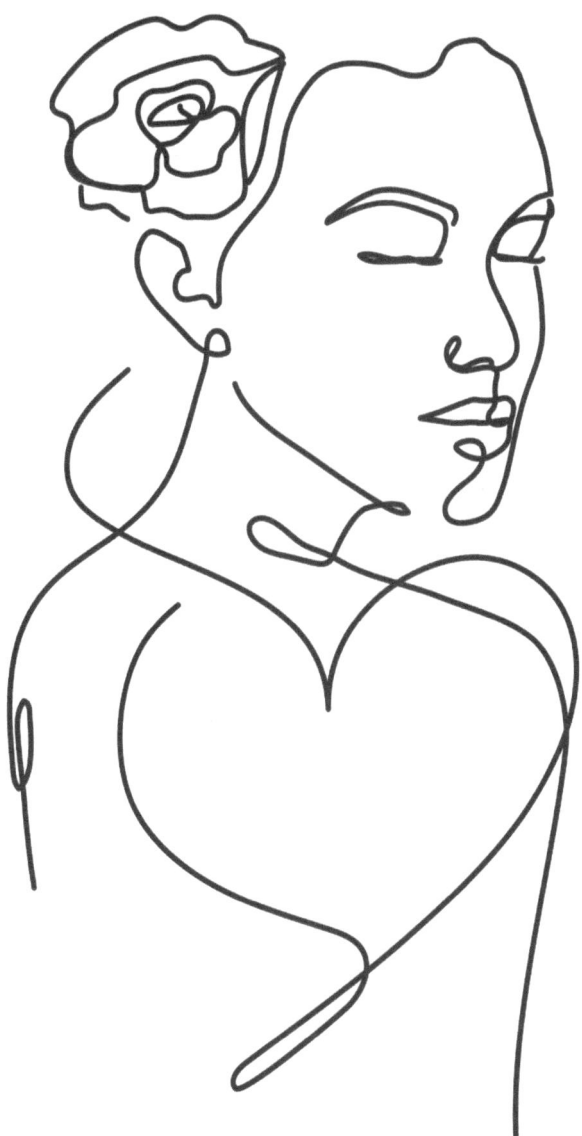

DIE KUNST IN DER PRAXIS: VERGEBUNG LEICHT GEMACHT

Vergebung ist definiert als der „Frieden und das Verständnis, die daraus resultieren, dass man sich selbst von der Schuld für das, was einem Unrecht getan hat, freispricht, seine Lebenserfahrungen weniger persönlich nimmt und den Preis erkennt, einen Groll zu hegen."

Eines der schwierigsten Dinge, mit denen wir im Leben konfrontiert sind, ist angesichts von Frustration gelassen zu bleiben, und nicht das zu bekommen, was wir uns wünschen, ist eines der Haupthindernisse bei der Überwindung von Krankheit, Fahnenflucht, Unehrlichkeit oder anderen Schwierigkeiten, denen die Menschheit begegnet. Die Mehrheit von uns erkennt nie ganz, dass das Leben uns häufig nicht das bietet, was wir uns wünschen. Wir reagieren häufig mit Zorn oder Beleidigung, wenn uns eine gewöhnliche, aber schreckliche Lebenserfahrung widerfährt. Die Mehrheit von uns wird die Situation verschlimmern, indem sie argumentiert und jammern, dass die spezifische Schwierigkeit falsch ist, anstatt unsere Bemühungen darauf zu konzentrieren, wie wir sie am besten bewältigen können.

Wir haben die Möglichkeit, die Aspekte des Lebens zu vergeben, die wir nicht mögen, oder weiterhin zu leiden, indem wir darauf bestehen, dass das Leben zu unseren Bedingungen gelebt wird. Viele von uns kämpfen mit Vergebung, weil es viele widersprüchliche Sichtweisen dazu gibt. Für einige bedeutet dies, dass ihre Religion von ihnen verlangt, ein persönliches Hindernis zu überwinden. Für einige bedeutet dies, Wiedergutmachung bei denen zu leisten, die ihnen Unrecht getan haben. Schließlich glauben einige, dass Vergebung gleichbedeutend ist mit dem, was passiert ist.

Niemand ist verpflichtet zu vergeben; Vergebung ist eine Wahl. Vergebung bedeutet, unsere Angst vor unangenehmen Situationen loszulassen; es erfordert kein erneutes Eintreten in diese Erfahrungen. Vergebung bedeutet, dass Sie weitermachen und mit sich selbst Frieden schließen können, obwohl das, was passiert ist, inakzeptabel war.

Drei verschiedene Arten von Übertretungen sind verzeihbar. Es ist typisch für Menschen, zu glauben, dass Trauern und Vergeben lernen, voneinander getrennt sind. Das Problem ist jedoch in jedem Fall im Wesentlichen dasselbe: Etwas, das wir auf eine bestimmte Weise haben wollten, ist nicht eingetreten.

Die erste Art ist am Weitesten verbreitet: Sie tritt auf, wenn eine andere Person eine Straftat gegen Sie begeht. Dies wird als zwischenmenschliche Vergebung bezeichnet. Die zweite Art der Vergebung wird als intrapersonale Vergebung bezeichnet. Es tritt auf, wenn Sie traurig über etwas sind, das Sie getan haben. In diesem Szenario erweitern Sie die Vergebung auf sich selbst. Die dritte Art der Vergebung ist existentiell, bei der Sie Gott oder der Natur ihr Fehlverhalten gegen Sie vergeben. Existenzielle Vergebung ist häufig ein notwendiger Bestandteil zwischenmenschlicher oder intrapersonaler Vergebung, wie die Frage „Wie konnte das passieren?" belegt.

Meiner Meinung nach kann die Wahl der Vergebung eine befreiende Disziplin sein. Nur wenn wir wählen können, ist Vergebung möglich. Wir haben die Wahl zu vergeben oder nicht zu vergeben, und niemand kann uns dazu zwingen. Vergebung ist eine Entscheidung, die Verletzung weniger persönlich zu nehmen, dem beleidigenden Ereignis weniger die Schuld für unsere Gefühle zu geben und unsere Beschreibung des Vorfalls zu ändern, um unsere Entscheidung zu vergeben widerzuspiegeln.

Nach diesem Ansatz entwickelt sich Vergebung in vier Stufen.

Vier Stufen der Vergebung

Schritt Eins
Sie werden von selbstgerechter Wut verzehrt. Sie wurden irgendwann in Ihrem Leben verwundet und sind wütend oder verletzt durch eine Erfahrung, von der Sie glauben, dass sie Sie misshandelt hat. Sie geben die Schuld für Ihre Gefühle der Person, die das Unrecht begangen hat. Sie haben das Gefühl, dass ihre Handlungen, nicht Ihre Reaktion, die Quelle Ihrer Not sind. Sie haben vergessen, dass Sie auf verschiedene Weise reagieren können. Möglicherweise wurden Sie so tief verletzt, dass es sich für Sie unangemessen anfühlt, die Beleidigung zu vergeben. In diesem Stadium sind häufig sowohl aktive als auch versteckte Wut sowie erhebliche Schmerzen vorhanden.

Schritt Zwei
Nachdem Sie über irgendetwas wütend geworden sind, verstehen Sie, dass sich Ihr Schmerz und Ihre Wut nicht gut anfühlen. Es

könnte Ihr emotionales Wohlbefinden oder Ihre körperliche Gesundheit beeinträchtigen. Sie können versuchen, den Schaden in der Beziehung zu reparieren und sich in Richtung Vergebung zu bewegen. Sie können eine Perspektive dafür gewinnen, wie weit verbreitet das Problem ist, oder Sie können sich einfach dafür entscheiden, Ihren Schmerz loszulassen. In beiden Fällen werden Sie nach einiger Zeit keinen Groll empfinden und der Situation/Person, die Sie in Bedrängnis gebracht hat, vergeben haben. Diese Vergebungsmethode kann verwendet werden, um mit Wut umzugehen, die auf sich selbst, eine andere Person oder das Leben im Allgemeinen gerichtet ist.

Schritt Drei

Die dritte Phase der Vergebung tritt auf, nachdem Sie die Vorteile der Vergebung in Aktion erlebt und sich entschieden haben, einen neuen Groll schnell loszulassen. In diesem Stadium können Sie sich dafür entscheiden, den Schmerz für einen kürzeren Zeitraum zu erleben und dann versuchen, die Beziehung wiederherzustellen oder die Situation nicht mehr als Problem zu sehen. In jedem Fall entscheiden Sie sich für Vergebung, weil Sie mehr Erfahrung damit haben und den offensichtlichen Wert in Ihrem Leben sehen. Dies kann aufgrund so grundlegender Dinge wie einer Unterbrechung durch einen anderen Fahrer auf der Schnellstraße oder aufgrund eines komplexeren Problems wie einer Affäre in einer Ehe auftreten. In dieser Phase des Vergebens sind Sie sich bewusst, dass Sie die Dauer Ihrer Beschwerde größtenteils selbst bestimmen.

Schritt Vier

Die vierte Ebene des Vergebens beinhaltet die Entscheidung, selten Anstoß zu nehmen. Dies zeigt an, dass Sie bereit sind, einem bestimmten Auslöser im Voraus zu vergeben. Dieses Stadium tritt häufig gleichzeitig mit allen oder einem Teil der folgenden Gedanken auf:

- Da ich keinen weiteren Moment meines kostbaren Lebens in dem Unbehagen vergeuden möchte, das durch Wut oder Schmerz verursacht wird, werde ich mich dafür entscheiden, anders zu fühlen.
- Ich bin in der Lage, mir selbst, anderen, dem Leben und der universellen Energie zu vergeben.
- Ich verstehe, wie es sich anfühlt, wenn andere sich weigern, mir zu vergeben. Weil ich niemandem schaden will, werde ich die Situation aus zwei Perspektiven betrachten: Entweder ich kann sie lösen oder sie loslassen.
- Es ist eine Schande, dass ich all die wunderbaren Dinge verpasse, die das Leben zu bieten hat, weil ich mich so auf meine Reue und Enttäuschungen aus der Vergangenheit konzentriere. Ich verzeihe mir, dass ich vom eigentlichen Thema abgewichen bin.
- Alle, auch ich selbst, handeln weitgehend zu ihrem Vorteil. Ich muss damit rechnen, dass ich gelegentlich durch die Aussage eines anderen über Eigeninteresse an meinem Eigeninteresse irritiert werde. Wenn ich akzeptieren kann, dass dies ein normaler Teil des Lebens ist, welchen Sinn hat es dann, mich aufzuregen?

Häufig haben Krebspatienten Beschwerden oder Wunden, die unter eine der drei Kategorien der vergebbaren Vergebung fallen. Im Allgemeinen ist der Prozess der Vergebung einer bestimmten Beschwerde gleich unabhängig davon, ob es sich um eine andere Person, Gott oder Sie selbst handelt.

Neun einfache Schritte zur Vergebung

1. In der Lage sein, klar zu beschreiben, was Sie über das Geschehene denken und was Sie für inakzeptabel halten. Informieren Sie dann ein paar vertrauenswürdige Personen über den belastenden Umstand und Ihre Gefühle dazu. Nachdem Sie diese vorbereitenden Maßnahmen abgeschlossen haben, sind Sie bereit, mit der Arbeit an der Vergebung zu beginnen.

2. Verpflichten Sie sich selbst, alles zu tun, um sich großartig zu fühlen. Sie müssen nicht weiter unter einem schwierigen Szenario leiden. Ermutigen Sie sich zu glauben, dass Sie ein gesundes Leben verdienen. Vergebung ist nur für dich bestimmt. Niemand muss von Ihrer Wahl erfahren.

3. Erkennen Sie Ihr Ziel. Vergebung ist nicht gleichbedeutend mit der Versöhnung mit dem Vorfall, der Sie in Bedrängnis gebracht hat, obwohl dies passieren kann. Sich glücklich zu fühlen ist das, was Sie anstreben. Vergebung ist definiert als der „Frieden und das Verständnis, die daraus resultieren, dass man sich selbst von der Schuld für das, was einem Unrecht getan hat, freispricht, seine Lebenserfahrungen weniger persönlich nimmt und den Preis erkennt, einen Groll zu hegen". Ihr vergebendes Ziel ist es, gerade jetzt Frieden in Ihrem Leben zu schaffen.

4. Behalten Sie die richtige Perspektive auf das Geschehen bei. Erkenne, dass Ihre momentane Aufregung Ihre primäre Quelle des Unbehagens ist und nicht das, was in der Vergangenheit passiert ist.

5. Wenn Sie gereizt sind, wenden Sie eine einfache Stressbewältigungsmethode an, um Ihrem Körper zu helfen, die Kampf-oder-Flucht-Reaktion zu überwinden. Wenn Sie sich an ein ungelöstes Problem erinnern, rast Ihr Herz, Ihr Blutdruck steigt, Ihre Hände werden kalt und Sie verlieren die Fassung. Langsames und tiefes Atmen hilft dabei, diese Gefühle zu lindern, sodass Sie mit einem gelasseneren Gefühl zur Arbeit oder Schule zurückkehren können. Visualisieren Sie dann etwas Wunderbares in Ihrem Leben oder etwas, das Sie an etwas erinnert, das Sie lieben. Bleiben Sie entspannt, während die Gefühle, die aus dieser Vision entstehen, in der Umgebung Ihres Herzens gehalten werden. Diese einfache zweistufige Strategie lindert Stress und ermöglicht es Ihnen, klarer darüber nachzudenken, wie Sie das Problem lösen können, für das Sie nicht vergeben können. Dies sollten Sie immer dann üben, wenn Sie gereizt sind.

6. Lassen Sie alle Erwartungen los, die Sie an andere Menschen oder an Ihr Leben haben und die sie nicht erfüllen möchten. Erkennen Sie die „nicht durchsetzbaren Regeln", die Sie für Ihre Gesundheit erstellt haben oder wie Sie oder andere handeln müssen. Wenn Sie zum Beispiel emotionale Unterstützung von jemandem gesucht haben, der sie nicht bietet, überlegen Sie sich Folgendes: „Wie oft werde ich meinen Kopf gegen die Kälte dieser Person schlagen, in der Hoffnung, dass sie sich ändert?" Die verzeihende Reaktion besteht darin, nichts zu fordern, was Ihnen geschadet hat. Erinnern Sie sich daran, dass Sie Gesundheit, Liebe, Freundschaft und Wohlstand aktiv suchen und erlangen können. Sie werden jedoch unnötig leiden, wenn Sie

verlangen, dass diese Dinge geschehen, obwohl Ihnen die Befugnis dazu fehlt.

7. Investieren Sie Ihre Energie in die Suche nach alternativen Wegen, um Ihre Ziele zu erreichen, anstatt in eine Erfahrung zu investieren, die Ihnen geschadet hat. Wenn Sie zum Beispiel auf eine sinnvolle Beziehung mit einem apathischen Elternteil gewartet haben, suchen Sie nach einem Mentor, der Ihnen die Liebe, den Rat und die Akzeptanz geben kann, die Sie sich wünschen. Dies bezeichne ich als das Auffinden Ihres guten Ziels. Anstatt Ihren Schmerz und Ihr Elend ständig zu wiederholen, suchen Sie nach neuen Wegen, um Ihre Bedürfnisse zu befriedigen, wenn Sie aus einer unangenehmen Situation herauskommen.

8. Denken Sie daran, dass ein gut gelebtes Leben die beste Form der Vergeltung ist. Eine Person, die auf diese Weise lebt, entdeckt häufig in jedem Moment etwas, das sie genießen kann. Anstatt sich ausschließlich auf Ihre verletzten Gefühle zu konzentrieren, was der Person, die Ihnen Schaden zugefügt hat, die Kontrolle über Sie gibt, achten Sie auf die Schönheit und Freundlichkeit in Ihrer Umgebung. Verbringen Sie Zeit damit, die positiven Aspekte Ihres Lebens zu erkennen und sich an angenehme und liebevolle Ereignisse zu erinnern. Ein entscheidendes Werkzeug in diesem Prozess ist das Erstellen einer Liste Ihrer Segnungen. Je früher Sie anfangen, Ihr Denken auf diese Weise anzupassen, desto weniger werden Sie sich durch die Ungerechtigkeit des Lebens verletzt fühlen. Sie werden feststellen, dass die Sonne immer noch scheint, dass sich die Menschen weiterhin verlieben und dass Schönheit überall existiert.

9. Ändern Sie die Beschwerdegeschichte, die Sie erzählen, und konzentrieren Sie sich auf Ihre Entscheidung zu vergeben. Sie erhalten die Befugnis zurück, die Sie dem verletzenden Ereignis erteilt haben, um Ihnen dadurch Schaden zuzufügen. Wenn Sie die Geschichte, die Sie sich selbst und anderen erzählen, ändern können, können Sie die Schwierigkeiten in Ihrem Kopf weniger betonen, was zu Gelassenheit führt. Dieses Gefühl der Ruhe ist das Ergebnis der Erfahrung der Vergebung.

Vier Techniken zur Selbstvergebung, auch wenn es unmöglich scheint
Effektive Methoden zur Wiedergutstellung der schlimmsten Fehler

Fast jeder hatte mindestens eine dieser Zeiten, die er sich nicht verzeihen kann. Du kennst sie: Sie tauchen zufällig wieder in deiner Vorstellung auf und verspotten dich, wenn du deinem besten Kumpel etwas Unangenehmes gesagt hast, während er direkt hinter dir stand. Wenn Sie Ihrem Chef eine mit Fehlern übersäte Arbeit übergeben haben, wenn Sie Ihr Kind angeschrien haben, nur weil Sie einen schlechten Tag hatten, haben Sie vielleicht jemanden betrogen, getäuscht oder gestohlen? Wenn die Erinnerungen an diese Taten Sie weiterhin verspotten, zu ungünstigen Zeiten wieder auftauchen und Sie an Ihre Mängel erinnern – unabhängig davon, ob das Verhalten schlecht war –, haben Sie sich selbst noch nicht vergeben. Und unabhängig davon, was Sie getan haben, sollten Sie es tun.

Laut John Delony, Ph.D., einem Experten für psychische Gesundheit und Moderator der Dr. John Delony Show, ist Vergebung von entscheidender Bedeutung, da andernfalls das Risiko besteht, dass diese fehlerhaften Verhaltensweisen Ihr

Selbstgefühl verändern. Es ist ein weit verbreiteter Glaube, dass die Weigerung, sich selbst zu vergeben, größeres Bedauern zeigt, aber er argumentiert, dass dies nicht der Fall ist. „Wir glauben vielleicht, dass es uns zusätzliche Gnade gewährt, wenn wir uns der Welt mit dem Schlimmsten nähern, was wir getan haben, aber das ist nicht der Fall", erklärt Delony. „Es treibt uns tatsächlich dazu, Partnerschaften aus einer Position der Schwäche herauszubeginnen. Vielleicht noch wichtiger ist, dass die Weigerung, sich selbst zu vergeben, bedeutet, ein Leben zu führen, das weniger angenehm ist", behauptet er.

Also, wenn Selbstvergebung so entscheidend ist, wie kann man sie dann beglücken? Delony bietet Anleitungen und Lösungen, um endlich die Handlungen loszulassen, die Ihr weniger angenehmes Leben gemacht haben und Ihre Fehler von Ihrer Identität zu differenzieren.

Wenn Sie sich ständig dafür bestrafen, etwas falsch gemacht zu haben, und sich dann dafür bestrafen, werden Sie sich nie besser fühlen. Geben Sie stattdessen zu, dass Ihre Schuld einen Zweck erfüllt hat, aber nicht, um sich für die Ewigkeit zu quälen. „Ihr Gehirn hat ein begründetes Interesse daran, Sie ständig daran zu erinnern, dass Sie eine Person sind, die Schaden anrichten kann, damit Sie es nie wieder tun", erklärt er. Aus diesem Grund fühlen sich diese Fehler für uns so überwältigend an – wir wollen sie nicht wiederholen, also spielt unser Gehirn ununterbrochen auf ihnen herum. Wenn Sie jedoch anerkennen, dass Sie es nicht noch einmal getan haben und dass die Erinnerung einem nützlichen Zweck dient, können Sie beginnen, sich von der Besessenheit zu befreien. „Es ist schwierig, weil Ihr Körper einen starken Anreiz hat, Sie davon abzuhalten, zu vergessen, was Sie getan haben", erklärt

Delony. „Du musst entscheiden: Das ist ein Umstand, nicht wer ich bin." Anstatt die Angst, dass Sie denselben Fehler erneut machen, als ständige Gefahr zu tragen, rät Delony, wandeln Sie sie in Weisheit um: Ich habe meine Lektion gelernt und werde es nie wieder tun.

2. Formulieren Sie Ihre Gedanken

Ein Tagebuch führen ist eine effektive Technik für alle Arten der psychologischen Rehabilitation, aber in diesem Fall kann es besonders nützlich sein. „Wenn jemand unter Selbstvergebung leidet, empfehle ich unter anderem, dass er seine Gefühle aufschreibt und Beweise verlangt", erklärt Delony. „So könntest du zum Beispiel schreiben, ich bin ein Lügner und bin nicht vertrauenswürdig. Und dann würdest du das prüfen und Beweise verlangen." Bedenken Sie Folgendes: Sind Sie wirklich nicht vertrauenswürdig, oder haben Sie einmal ein nicht vertrauenswürdiges Verhalten an den Tag gelegt? Untersuchen Sie die Antwort in Ihrem Schreiben, indem Sie die nicht vertrauenswürdigen Handlungen auflisten, die Sie unternommen haben. Sie werden vielleicht feststellen, dass es sich um eine relativ kurze Liste handelt, die von der Erinnerung dominiert wird, die Sie sich selbst noch nicht vergeben haben. „Ich gehe davon aus, dass Sie, wenn dieser Gedanke Sie Jahre später weiterhin beunruhigt, eine wirklich vertrauenswürdige Person sind, die in ein Szenario verwickelt wurde." Sobald Sie erkennen, dass es keinen Beweis dafür gibt, dass Sie von Natur aus schrecklich sind, wird es einfacher, sich selbst für Ihren Fehler Gnade zu schenken.

3. Bitten Sie um Vergebung

Wenn Sie etwas Abscheuliches begangen haben, das Sie sich selbst nicht vergeben haben, besteht die Möglichkeit, dass jemand anderes beteiligt war. Und ein Teil davon, sich selbst zu vergeben, besteht darin, der anderen Partei oder den anderen Parteien mitzuteilen, dass Sie Ihren Fehler erkennen. „Der einzige Weg, Vollständigkeit zu erfahren, besteht darin, bloßgestellt zu werden und sich zu äußern", erklärt Delony. „Wenn Sie also etwas wirklich Abscheuliches tun, besteht der erste Schritt darin, es zuzugeben und die Verantwortung für Ihre Taten zu übernehmen. Und der nächste Abschnitt ist, um Verzeihung zu bitten", behauptet er. „Und Sie können Ihre Ansichten nicht darauf stützen, ob Sie Vergebung erhalten oder nicht. Sie dürfen nicht definieren, was Vergebung bedeutet." Mit anderen Worten, die andere Person oder Gruppe von Menschen verzeiht Ihnen möglicherweise nicht, was durchaus akzeptabel ist. Sie haben sich eine Geschichte darüber ausgedacht, wie Sie sich geirrt haben, und jetzt haben Sie ihnen davon erzählt. Was sie als nächstes tun, ist irrelevant für deine Fähigkeit, dir selbst zu vergeben. „„Nein, ich vergebe dir nicht; was du getan hast, war schrecklich, hässlich oder was auch immer.' So sei es!" Sie haben das gleiche Recht auf ihre Gefühle wie Sie, damit aufzuhören, sich selbst zu quälen.

4. Erkennen und akzeptieren Sie die Konsequenzen

Sich selbst zu vergeben bedeutet, zu akzeptieren, dass die Strafe, die Sie erhalten haben, zwar verdient ist, die Strafe jedoch nicht auf unbestimmte Zeit andauern muss. „Möglicherweise wurde Ihnen aufgrund einer Täuschung gekündigt. Sie müssen bereit sein, die Konsequenz von Ihrer Identität zu distanzieren", erklärt Delony. In diesem Fall ist die Entlassung jedoch eine vernünftige Konsequenz für das Lügen – Sie müssen sich nicht als Lügner identifizieren (noch müssen Sie davon ausgehen, dass Sie im Recht waren, wenn Sie sich selbst vergeben haben).

„Soll das heißen, dass Sie immer ein Lügner sind? Nein, das deutet darauf hin, dass Sie einmal gelogen haben." Delony schlägt vor, die Folgen als Mittel zu einem Neuanfang zu sehen: „Das war, was ich war. Zukünftiges Ich: Wie ist meine Persönlichkeit jetzt? Das ist der Weg, frei von Schuld zu sein." Sobald Sie eine Strategie entworfen haben, um das, was Sie aus Ihrem Fehler gelernt haben, in Ihre Zukunft zu integrieren, werden Sie feststellen, dass Sie immer weniger auf Ihren vorherigen Fehler fixiert sind.

Die Kunst der Akzeptanz und Vergebung

Viele Menschen meiden den Prozess des Vergebens wegen der negativen Konnotationen, die sie mit dem Wort verbinden. Oft wird Vergebung mit Schwäche in Verbindung gebracht, und es wird oft angenommen, dass jemandem zu vergeben bedeutet, sein Verhalten zu billigen oder zu rechtfertigen. Menschen haben schon immer aus Vergebung ein Schreckgespenst gemacht, weil sie irrtümlich davon ausgegangen sind, dass man sich dazu drängen muss, den Täter zu mögen oder sein Verhalten zu billigen, um jemandem zu vergeben. Vielmehr ist Vergebung eine Art mentaler Selbstfürsorge, die wir praktizieren müssen, um mentale Gelassenheit zu erlangen. Einfach gesagt, Vergebung ist der Akt, Schuld oder Wut auf jemanden abzugeben, der dich in der Vergangenheit verletzt, beleidigt oder gekränkt hat. Es bedeutet, entspannt zu bleiben, wenn die Ereignisse nicht wie geplant verlaufen. Es ist jedoch äußerst schwierig, eine universelle Definition von Vergebung zu geben, da jeder eine einzigartige Sichtweise darauf hat, was es bedeutet, zu vergeben. Das Beste, was wir sagen können, ist, dass das Verständnis einer Person, was Vergebung wirklich beinhaltet, von ihr kommt.

Andererseits unterscheidet sich Akzeptanz deutlich vom konventionellen Verständnis von Vergebung. Bevor Sie Vergebung erlangen können, müssen Sie zuerst akzeptieren, was passiert ist, und Ihr Urteil loslassen. Akzeptanz bedeutet, dass Sie bereit sind, die Vergangenheit als ein unveränderliches Ereignis zu akzeptieren und gleichzeitig den Entschluss fassen, gemeinsam ein besseres Leben aufzubauen. Missverstehen Sie nicht – Akzeptanz im wahren Sinne bedeutet nicht, dass Sie das Ereignis vergessen müssen, noch bedeutet es, dass Sie die Ihnen auferlegte Qual vollständig überwinden müssen. Vielmehr hilft es uns, mit emotionalen Reaktionen auf die Situation umzugehen, einschließlich Verletzung, Misstrauen, Verrat und anderen Emotionen, die Sie möglicherweise erleben.

Darüber hinaus ist es ein Mittel, um Ihrem Täter oder Partner zu versichern, dass Sie bereit sind, die Vergangenheit LOSZULASSEN und Ihre Verbindung fortzusetzen. Wenn es darum geht, die Vergangenheit zu akzeptieren, können Sie nichts dagegen tun, weil sie bereits passiert ist. Meistens dauert es lange, sich mit einem Umstand abzufinden. Die Fehler des anderen zu akzeptieren ist ein schwieriger, aber wichtiger Teil einer gesunden Beziehung.

Die Kunst der Vergebung und Akzeptanz – Was sind die Gründe für die Entscheidung, zu vergeben?
Eine der Fragen, die Sie stellen sollten, lautet: „Warum sollten Sie vergeben oder was sind die Vorteile von Vergebung oder Akzeptanz?" Machen Sie sich keine Sorgen. Hier sind fünf überzeugende Gründe, denen zu vergeben, die Ihnen Unrecht getan haben:

– **Vergebung ist eine entscheidende Komponente der ultimativen Selbstermächtigung.**

Vergebung ist der ultimative Akt der Selbstermächtigung. Die Fähigkeit, wahre Vergebung zu üben und zu praktizieren, ist ein mächtiges Werkzeug, um SICH SELBST zu verbessern. Es ist nicht etwas, was Sie tun, um jemanden „freizusprechen", sondern eine Entscheidung, die Sie treffen, um Ihre Gedanken zu befreien und Seelenfrieden zu erfahren. Betrachten Sie Akzeptanz und Vergebung als ein lebensveränderndes Ereignis, das Ihnen Gelassenheit, Glück, emotionale und spirituelle Wiederherstellung bietet. Indem Sie die Kunst der Vergebung und Akzeptanz kultivieren, können Sie die Narben der Vergangenheit wirklich heilen.

„Geh nicht mit einem Nörgler neben dir oder in dir zu Bett",

riet mir einmal ein Kumpel. Das ist wirklich wahr. Das sind ziemlich viele Stunden, um einen Groll zu hegen, nicht wahr? Bevor wir zu Bett gehen, müssen wir jeden Groll, den wir gegen unsere Freunde und Familie haben, auslöschen. Wir werden Seelenfrieden haben und unsere Beziehung dadurch wiederbeleben können.

- **Bei der Vergebung geht es um Sie, nicht um den Täter.**
Während die meisten Menschen glauben, dass sich Vergebung an den Schuldigen oder Täter richtet, ist die Wahrheit, dass sich Vergebung an die Geschädigten richtet. Das Hauptziel der Vergebung besteht darin, dem Täter dabei zu helfen, Seelenfrieden zu erlangen, indem er die Vergangenheit loslässt und es ihm ermöglicht, im Leben voranzukommen, ohne ständig die Qual des Traumas zu bewahren. Die Weigerung, anderen zu vergeben, ist oft vergleichbar mit dem Autofahren

mit angezogenen Bremsen, weil Sie sich damit abfinden, stagnierend zu sein, was unweigerlich jeden Aspekt Ihrer Existenz durchdringen und verderben wird.

- **Vergebung ist vorteilhaft für die Gesundheit und das Wohlbefinden.**
Zahlreiche Studien haben gezeigt, dass unversöhnliche Herzen unter anderem zu Sorgen, Anspannung, Verzweiflung, Hass, Zorn, Traurigkeit und Eifersucht neigen. Auf der anderen Seite führt echtes Verzeihen zu einer Verringerung der zuvor erwähnten Gefahren. Die Last unserer früheren Fehlverhalten und Ressentiments kann uns herunterziehen und uns daran hindern, unser Leben vollständig zu leben, aber wir befreien uns von dieser Last, wenn wir vergeben. Je vergebungsbereiter eine Person ist, desto besser ist ihre körperliche, emotionale, mentale und spirituelle Gesundheit.

- **Vergebung wird Sie stärken.**
Es ist ein weit verbreiteter Irrglaube, dass Vergebung und Akzeptanz nur für die Schwachen möglich sind. In Wirklichkeit können nur die Starken vergeben und akzeptieren. Dies liegt daran, dass Mut erforderlich ist, um sich den emotionalen Qualen und Leiden direkt zu stellen, den Aggressor zu umarmen und das Ereignis loszulassen. Ich verstehe, dass es nicht einfach ist, weshalb die meisten Menschen Vergeltung wollen, anstatt den Prozess der Vergebung zu durchlaufen. Folglich sind nur die Starken in der Lage zu vergeben.

Betrachten Sie diese fünf Gründe, um zu lernen, wie Sie Personen vergeben können, die Ihre Gefühle irgendwie wirklich missbrauchen, und ich glaube, Sie werden jede Situation im Leben mit einer frischen, verbesserten Stimmung angehen.

Es wird Ihnen helfen, sich von emotionalen und mentalen Verlusten zu erholen und gleichzeitig Ihre Gesundheit zu erhalten. Liebe ist vor allem die einzige transformative Kraft des Universums; Also liebe dich selbst und vergib denen, die dir Schaden zugefügt haben. Das wird Sie glücklicher machen.

Sieben Vergebungsregeln

1. Es geht in erster Linie darum, Ärger loszulassen, was Ihrer Gesundheit zugutekommt.

2. Wir alle haben wahrscheinlich Leute in unserem Leben, die wir am liebsten erwürgen würden! Denken Sie einige Augenblicke darüber nach. Können Sie ein paar Personen nennen, von denen Sie glauben, dass sie zu Unrecht verfolgt wurden oder die Sie irgendwie beeinflusst haben? Oder vielleicht haben Sie jemanden verletzt und fühlen sich jetzt schuldig oder schämen sich sogar für Ihre Taten.

3. Vergebung ist wirklich schwierig, sei es für sich selbst oder für andere. Wir alle könnten wahrscheinlich von etwas Unterstützung bei der Verbesserung unserer Leistung profitieren. Wir sind uns jedoch möglicherweise nicht bewusst, dass Vergebung sowohl für unsere emotionale als auch für unsere körperliche Gesundheit von Vorteil ist. Effektive empirische Forschung hat gezeigt, dass wir weniger Stress, Anspannung, Melancholie, Angst und, was wahrscheinlich am wichtigsten ist, Wut erfahren, wenn wir mehr vergeben. Wut schadet sowohl unserer geistigen als auch unserer körperlichen Gesundheit, erhöht unsere Stressanfälligkeit und unser Risiko, an Krankheiten wie Herzerkrankungen zu erkranken. In der Tat sind Zorn und

Wut des Typ-A-Verhaltens signifikante Risikofaktoren für Herz-Kreislauf-Erkrankungen. Wenn wir um Vergebung kämpfen, hegen wir Wut, Groll und Bitterkeit, die uns auf verschiedene Weise und auf verschiedenen Ebenen beeinflussen können.

4. Zu wissen, dass Vergebung der eigenen Gesundheit zuträglich ist, macht es einfacher, sie zu praktizieren. Wenn es darum geht, die eigene Fähigkeit zur Vergebung zu verbessern, gibt es sieben Themen, an die wir uns vielleicht alle erinnern, einschließlich:

5. Vergebung erfordert kein Vergessen. Wir sind unfähig zu vergeben und zu vergessen. Menschen, die misshandelt, vernachlässigt und schikaniert wurden, vergessen ihre Traumata nicht und müssen es auch nicht. Sie können lernen zu vergeben, während sie ein starkes Gedächtnis bewahren.

6. Vergebung impliziert nicht die Minimierung der Viktimisierung. Indem du vergibst, sagst du nicht: „Es ist in Ordnung ... es war nicht so schrecklich." Sicherlich nicht! Sie können vergeben, während Sie anerkennen, dass die Viktimisierung und der Schmerz echt und schwerwiegend waren.

7. Vergebung bedeutet nicht Schwäche. Vergebung ist kein Zeichen von Gebrechlichkeit, Naivität oder Torheit.

8. Vergebung erfordert keine Entschuldigung und Annahme Ihres Vergebungsangebots seitens der anderen Partei. Leider können Sie nicht erwarten, dass die Person, die

Ihnen Unrecht getan hat, versteht oder schätzt, wie schlimm das war, was sie getan hat. Sie dürfen niemals ein Fehlverhalten zugeben. Das ist akzeptabel, weil Vergebung zu Ihrem Vorteil genutzt werden kann, nicht zu ihrem. Sie verlangen nichts von ihnen als Gegenleistung für Vergebung.

9. Vergebung ist ein Prozess, der Zeit braucht. Vergebung ist kein Schwarz-Weiß-Alles-oder-Nichts-Vorschlag. Es ist ein laufender Prozess. Sie werden vielleicht nie in der Lage sein, einer anderen Person vollständig zu vergeben, aber Sie können auf dieses Ziel hinarbeiten. Sie erreichen vielleicht nie den zehnten Punkt auf meiner Zehn-Punkte-Skala, aber Sie können es in eine Sechs in eine Sieben oder eine Acht verwandeln.

10. Vergebung ist für Ihr körperliches und emotionales Wohlbefinden notwendig. Wenn man bedenkt, dass diese Prüfung zeigt, dass das Festhalten an Empörung das eigene Wohlbefinden und den Wohlstand behindert, und wenn man bedenkt, dass niemand mit einer ständig wütenden, verbitterten, nachtragenden Person Umgang haben muss, die entschlossen wütend, hart, wütend und unversöhnlich ist, ist die Absolution etwas, für das Sie erreichen sollten Sie selbst. Es liegt in Ihrem besten Interesse, nicht unbedingt in ihrem, anderen ihre Übertretungen zu vergeben. Sie suchen nicht nach Vergebung, um ihnen einen Gefallen zu tun; Sie suchen Vergebung für sich selbst.

11. Der Schlüssel zum Vergeben ist, seinen Ärger loszulassen. Ich kenne zahlreiche Menschen, die durch körperlichen,

sexuellen, emotionalen und finanziellen Missbrauch verletzt und traumatisiert wurden. Ich habe auch mehrere Menschen geholfen, die von Personen misshandelt wurden, die am nettesten zu ihnen hätten sein sollen, darunter Eltern, Geschwister, enge Freunde und sogar Geistliche. Diejenigen, die im Leben Erfolg haben und am besten damit umgehen, haben einen Weg entdeckt, sich selbst und anderen zu vergeben. Sie haben eine konzertierte Anstrengung unternommen, um ihre Wut und ihren Groll zu überwinden und weiterzumachen. Sie vergessen nicht und lassen sich in Zukunft nicht mehr schikanieren. Sie geben ihre Wut auf und entscheiden sich zu vergeben (verdient oder nicht).

Also, was sind Ihre Gedanken? Können Sie mehr vergeben? Können Sie es versuchen?

WIE MAN EINE NICHT URTEILENDE EINSTELLUNG FÜR EINE POSITIVERE UND GESUNDERE DENKWEISE ENTWICKELT

Fast alles, was Ihnen begegnet, wird von Ihrem Verstand gefiltert und als positiv, schlecht oder neutral eingestuft.

Wenn bestimmte Erfahrungen als „gut" erachtet werden und positive Emotionen hervorrufen, neigen wir dazu, an ihnen festzuhalten und uns nach mehr zu sehnen. Andere Situationen können als „schlecht" empfunden werden, und als Folge davon wehren wir uns und vermeiden sie. Gelegentlich beurteilen wir Dinge auch als „neutral", das sind die Punkte, denen wir lieber weniger Gewicht beimessen.

In dieser Hinsicht funktioniert Ihr Verstand ähnlich wie eine Urteilsmaschine. Die Wahrheit ist, dass das Fällen von Urteilen ein inhärenter Aspekt des Menschseins ist. Es gibt jedoch einen signifikanten Unterschied zwischen dem Fällen von Urteilen und dem Annehmen einer wertenden Haltung gegenüber sich selbst und anderen.

Was ist der Unterschied zwischen Urteilen und Entscheidungen treffen?

Wenn Sie ein Urteil fällen, kommt es normalerweise von einem Ort der Klarheit, wenn die Dinge einfach als positiv, schlecht oder neutral eingestuft werden. Auf der anderen Seite rührt Urteilsvermögen von einem reaktiven und unausgeglichenen Geist her, der vermeiden möchte, verletzt zu werden. Urteilen ist eine Form der Selbstverteidigung.

Wir können in unseren Urteilen voreilig sein. Andere können beschriftet werden, bevor wir sie kennen lernen. Das Urteilen über Menschen kann sogar instinktiv erfolgen, ohne Ihr Bewusstsein.

Können Sie sich an eine Zeit erinnern, in der Sie über jemanden geurteilt haben? Damals mag es angebracht gewesen sein, ein Urteil zu fällen. Wenn Sie jedoch ehrlich zu sich selbst waren, fühlte es sich mit ziemlicher Sicherheit weder körperlich noch emotional gut an.

Was passiert, wenn Sie sich verurteilt fühlen? Absolut kein angenehmes Gefühl. Tatsächlich kategorisieren wir häufig Aspekte von uns selbst als „gut" oder „schlecht".

Wann hören Sie auf, darüber nachzudenken? Es ist nicht klar, wer das Recht hat, jemanden zu verurteilen. Unsere Urteile sind rein subjektiv und hängen von unseren persönlichen Erfahrungen ab, die als Messinstrumente nicht besonders nützlich sind.

Sich dessen bewusst zu sein, wann Sie wertend sind, und das Nicht-Urteilen zu üben, kann Ihr Leben erheblich verbessern. Tatsächlich zeigen Untersuchungen, dass Sie Ihre Lebensqualität erheblich verbessern und Anspannungen,

Sorgen und sogar stressbedingte Krankheiten lindern können, wenn Sie Menschen und Umstände weniger streng beurteilen.

Überlegen Sie, auf welche Weise das Praktizieren von Urteilslosigkeit Ihrem Leben zugutekommen könnte und wie Sie dies in die Praxis umsetzen können.

Fünf Wege, um eine positivere und gesündere Denkweise durch nicht-wertende Praxis zu entwickeln (und wie man dies zu einer konsequenten Praxis macht)

1. Nicht-Urteilen hilft Ihnen dabei, aus dem „Nicht genug"-Hamsterrad herauszukommen

Wir sind sehr unzufrieden wegen unseres nie endenden Strebens nach mehr – mehr Titeln, mehr Geld und mehr Erfolgen. Das Urteilen stimuliert dieses Streben und fördert die Vorstellung, dass Sie bereits besitzen, sei unzureichend. Wenn Sie das Urteilen loslassen, öffnen Sie sich dafür, all die erstaunlichen Aspekte dessen zu schätzen, wo Sie sich gerade befinden, und ermöglichen es Ihnen, sich in der Gegenwart zufrieden, dankbar und erfüllt zu fühlen.

2. Nicht-Beurteilung ermöglicht Ihnen bereichernde Erfahrungen

Wie oft haben Sie sich selbst davon abgebracht, etwas Neues oder Ungewöhnliches auszuprobieren, nur weil Sie dachten, es würde Ihnen keinen Spaß machen oder es wäre eine unangenehme Erfahrung? Auch dies ist ein normaler Aspekt der menschlichen Natur. Wenn Sie jedoch Ihr Urteilsvermögen beiseitelassen und etwas Neues ausprobieren, geschieht etwas Wunderbares: Sie öffnen sich der Aussicht auf eine aufregende, lebensbereichernde Erfahrung. Vielleicht entdecken Sie sogar ein ganz neues Interesse, das den Lauf Ihres Lebens verändert.

3. Urteilslosigkeit hilft Ihnen, sich selbst und die Schönheit anderer zu schätzen

Es ist möglich, die Schönheit in allem zu sehen und für die kleinsten Dinge im Leben dankbar zu sein, wenn man keine Etiketten wie „positiv", „negativ" oder „neutral" anbringt. Sie können aus jeder Erfahrung, Aktivität, Person oder sogar jedem Objekt etwas lernen, wenn Sie ihr für kurze Zeit Ihre ganze Aufmerksamkeit widmen.

4. Das Fehlen von Urteilsvermögen fördert die Klarheit der Vision

Sie können Ihre Interpretationen nur wahrnehmen, wenn Sie auf Ihre Urteile reagieren. Indem Sie das Urteilen loslassen, öffnen Sie die Tür, um die Dinge so zu sehen, wie sie wirklich sind.

5. Intuitiver Frieden wird durch Nichturteilen erreicht

Wenn Sie „schlechte" Dinge in Ihrem Leben haben, denken Sie daran: Ihre Urteile über diese negativen Dinge sind die einzige Quelle von Stress. Wenn Sie Urteile loslassen, lassen Sie das „Schlechte" los und ersetzen negative Emotionen durch Akzeptanz, was Sie von unnötiger Anspannung und Leiden befreit.

Wie man anfängt, Nicht-Urteilen täglich zu üben

Hier sind die Techniken, die wir empfehlen, um ein größeres Gefühl der Akzeptanz und des Respekts für die Kultivierung von mehr Gelassenheit, Freude und Erfolg zu entwickeln.

1. Meditieren

Meditation ist eine Praxis, die Ihnen hilft, ein Gefühl der Loslösung von Situationen und Ergebnissen zu entwickeln, die es Ihnen ermöglicht, sich energetisch von Urteilen zu lösen. Stattdessen werden Sie anfangen, Dingen in ihrem normalen Zustand zu begegnen und sie zu schätzen (selbst Dinge, die Sie kürzlich für unerwünscht oder verwirrend gehalten haben).

Einfach bequem und still zu sitzen und Ihre Aufmerksamkeit auf Ihren Atem zu richten, während Sie loslassen, sich entspannen und nichts tun - das ist Meditation. Zunächst hält Sie dies im Hier und Jetzt geerdet und hilft Ihnen, sich von der Indoktrination Ihres Verstandes zu befreien.

2. Führen Sie ein Tagebuch.
Selbstgespräche helfen Ihnen, Ihre Gedanken zu ordnen.

Nehmen Sie sich den ganzen Tag über Zeit, um Ihre Selbstgespräche aufzuzeichnen. Berücksichtigen Sie die Interaktionen und Erfahrungen Ihres Tages sowie Ihre momentanen Emotionen. Sind Ihre Gefühle durch Vorstellungen oder Annahmen motiviert?

Vielleicht werden Sie sich Ihrer Selbstverurteilung sogar bewusst. Das Führen eines Tagebuchs kann Ihnen dabei helfen, festzustellen, wie häufig Sie wertend sind, und Bereiche zu identifizieren, in denen Sie beginnen können, dieses Verhalten zu ändern. Darüber hinaus kann das Tagebuchschreiben Ihnen helfen, ein stärkeres Bewusstsein und Vertrauen in sich selbst zu entwickeln, wodurch Sie vermeiden können, sich mit anderen zu vergleichen.

3. Entwickeln Sie eine Achtsamkeitspraxis.
Wie bereits gesagt, ist das Urteilen eine Angewohnheit, die den Geist verengt und dazu führt, dass Sie Menschen und

Situationen durch einen Tunnelblick sehen, abhängig von Ihren früheren Ideen oder Erfahrungen.

Das Praktizieren von Achtsamkeit, die darauf achtet, was im Jetzt passiert, hilft Ihnen, sich mit dem „Jetzt" zu verbinden.

Dies kann Sie davon abhalten, auf der Grundlage Ihrer Vergangenheit Urteile über gegenwärtige Ereignisse zu fällen.

Wann immer Sie beginnen, ein bevorstehendes Urteil zu spüren, atmen Sie tief ein und werden Sie sich Ihrer Umgebung bewusst. Sensibilisieren Sie sich für die Luft, nehmen Sie die Farben um sich herum auf und achten Sie auf die Geräusche. Nehmen Sie alles auf, damit Sie Ihre Aufmerksamkeit wieder auf den gegenwärtigen Moment richten können.

Wie bei jeder neuen Gewohnheit oder Denkanpassung ist es urteilsfrei, Arbeit zu leisten. Indem Sie diesen einfachen Schritten folgen und sich Ihrer Urteile bewusst werden und sie loslassen, können Sie einen entspannteren, offeneren und ruhigeren Geist entwickeln, der Sie für alle möglichen neuen und schönen Erfahrungen öffnen wird.

Mit den Worten von Mutter Teresa: „Du wirst nie Zeit haben, sie zu lieben, wenn du zu sehr damit beschäftigt bist, Menschen zu verurteilen." (Das Gleiche gilt für die Selbstbeurteilung.)

Nicht zu urteilen ist ein wesentlicher Bestandteil der Pflege Ihrer Gesundheit und Ihres Wohlbefindens, bei dem wir Sie während unseres gesamten Wellness-Wochenprogramms unterstützen können. Die Wellness Week ist ein ganzheitlicher Rückzugsort für Körper, Geist und Seele, der sich auf körperliches und emotionales Wohlbefinden konzentriert. Verbessern Sie Ihre Beziehungen, bauen Sie Stress ab, entdecken

Sie den Sinn Ihres Lebens und genießen Sie mehr Gelassenheit, Fülle und Freude.

Drei Techniken zum Üben von Urteilslosigkeit
(und warum es wichtig ist)

Als Menschen ist es fest in uns verankert, dass wir unsere Lebensereignisse für bare Münze zu nehmen. Vielleicht sind Sie auf einer Party und bemerken eine Person allein in einer Ecke, scheinbar unbekümmert um das, was um sie herum vor sich geht. Sie glauben schnell, dass Sie diese Person meiden sollten, weil sie vermutlich auf andere abstoßend wirken und nur dazu dienen, jemanden wie Sie abzustoßen. Das heißt, Ihr beurteilendes Gehirn spricht.

Unabhängig davon, wie intuitiv das Urteilen für uns ist, kann es unser Leben wirklich verbessern, wenn wir uns bemühen, es zu überwinden und Nicht-Urteilen zu üben. Wir entwickeln mehr Mitgefühl und Akzeptanz für uns selbst und andere, indem wir uns des Urteilens enthalten. Es lindert die Belastungen des täglichen Lebens und sogar Traurigkeit. Was bedeutet also Nicht-Urteilen wirklich und wie können wir uns zu nicht-urteilenden Individuen entwickeln? Lesen Sie weiter, um es herauszufinden!

Menschliches Urteil

Aus evolutionärer Sicht haben unsere Urteilstendenzen uns Menschen geholfen. Als wir Höhlenmenschen waren, ermöglichte uns unser Urteilsvermögen, Gefahren direkt vor uns vorherzusehen, was uns das Leben ermöglichte. Wenn uns ein anderes Monster gegenüberstand, mussten wir feststellen, ob es uns töten konnte, und entsprechend schnell handeln.

Diese Bedrohungen sind in der Neuzeit nicht mehr dieselben. Unser Gehirn hingegen hat nicht aufgeholt. Aus diesem Grund üben wir weiterhin unser Urteilsvermögen aus, auch wenn wir es nicht benötigen.

Um auf das Beispiel aus dem ersten Abschnitt dieses Artikels zurückzukommen: Wenn wir eine Party scannen, setzen unsere Höhlenmenschinstinkte ein und unser Gehirn warnt uns, dass die Annäherung an jemanden, der unangenehm oder beängstigend erscheint, zu Gefahren führen kann.

Was geschieht, wenn wir urteilen?

Ein gewisses und gesundes Urteilsvermögen kann für uns äußerst vorteilhaft sein, sogar bis zu dem Punkt, an dem wir damit buchstäblich unser Leben retten. Es besteht jedoch immer die Möglichkeit, dass das, was wir zum Nennwert beurteilen, zusätzliche Beobachtung und mentale Prozesse erfordert.

Wenn wir urteilen, neigen wir dazu, uns vorschnelle Urteile oder Meinungen zu bilden. Menschen zu beurteilen kann bedeuten, dass wir sie nur aufgrund ihres Aussehens beurteilen, ohne zu wissen, wer sie wirklich sind.

Das Urteilen kann manchmal zu Schuldzuweisungen führen. Ohne eine genaue Einschätzung einer Situation riskieren wir, der falschen Person die Schuld zu geben oder jemandem das Falsche vorzuwerfen.

Emotionen und Urteil

Während unser Gehirn während des gesamten Urteilsverfahrens am aktivsten ist, können auch unsere Emotionen eine Rolle spielen. Ob wir jetzt wütend, traurig, froh oder zufrieden sind, unsere Emotionen können maßgeblich beeinflussen, wie wir eine andere Person oder ein Szenario beurteilen.

Während das äußere Urteil häufig versagt, versagt das innere Urteil nie.

Jedes Mal, wenn ich zum Beispiel meiner Mutter nicht zustimme, bin ich davon überzeugt, dass sie entweder plant, mein Leben zu übernehmen, oder einfach nicht in der Lage ist, mich zu verstehen. Ich interpretiere ihre Kommentare und Bedenken falsch, weil ich verärgert und frustriert von ihr bin.

Gelegentlich, wenn ich tiefer nachforsche, entdecke ich jedoch, dass sie nicht nur auf mich aufpasst, sondern sich auch wünscht, verstanden zu werden.

Mitgefühl über Urteil
In der psychologischen Welt wird das Urteilen häufig als das genaue Gegenteil des positiven Gegenstücks des Mitgefühls dargestellt. Mitgefühl bedeutet, empfänglicher für Menschen, Situationen und Erfahrungen zu sein, selbst wenn sie negativ erscheinen oder schwer zu bewältigen sind. Wenn wir mitfühlend sind, meiden oder verachten wir sie nicht. Stattdessen bringen wir ihnen Liebe und Sanftmut entgegen.

Urteilen Sie nicht über andere, sonst riskieren Sie, verurteilt zu werden.

Mehr als andere brauchen wir jedoch gelegentlich mehr Mitgefühl und weniger Urteilsvermögen von uns selbst. In meinem Fall bin ich gelegentlich härter zu mir selbst als zu anderen.

Ich kann ziemlich selbstkritisch sein, wenn es um meine Fehler und Unzulänglichkeiten geht. Ich lerne jedoch, dass ich mich für diese Dinge nicht selbst kritisieren sollte und stattdessen mehr Vergebung und Akzeptanz üben sollte.

Warum wir laut Studien weniger wertend sein sollten
Wertendes Verhalten führt nicht nur zu falschen Annahmen und Urteilen; es kann sich auch nachteilig auf unsere psychische Gesundheit auswirken. Die Selbstbeurteilung von Erwachsenen (Kritik an den eigenen inneren Gedanken und Gefühlen) wurde in dieser Studie gemessen und erwies sich als wichtiger Prädiktor für Depressionen und Angstzustände.

Andererseits untersuchte eine andere Studie die Auswirkungen von Mitgefühl oder Urteilslosigkeit bei Universitätsstudenten und entdeckte, dass Mitgefühl als Vermittler von Selbstwertgefühl und Wohlbefinden fungiert.

Das bedeutet, dass Mitgefühl es uns ermöglicht, uns durch Selbstvergewisserung an unsere positiven Eigenschaften zu erinnern, anstatt uns in Zeiten der Not selbst zu kritisieren. Beruhigung hilft dann unserem Wohlbefinden, indem sie unsere Angst um uns selbst oder das Ergebnis unserer Versuche lindert.

Bevor Sie ein Urteil fällen, bedenken Sie Folgendes:

Jetzt, da wir die Vorteile des Nicht-Urteilens entdeckt haben, ist es wichtig, jedes Mal innezuhalten, wenn wir die richtenden Monster näherkommen sehen. Berücksichtigen Sie zunächst Folgendes:

- Urteile ich aufgrund des Scheins?
- Urteile ich aufgrund meiner vergangenen Erfahrungen?
- Urteile ich aufgrund der Meinung anderer?

- Habe ich Vorurteile?
- Habe ich eingeschränkte Perspektiven und Verständnis?
- Habe ich alle notwendigen Informationen?
- Beeinträchtigt mein emotionaler Zustand mein Urteilsvermögen?

Diese Fragen gelten nicht nur für andere, sondern auch für Sie selbst. Wenn Sie Antworten auf diese Fragen haben, ist es außerdem wahrscheinlicher, dass Sie ein gesundes Urteilsvermögen ausüben.

Außerdem steigern Sie Ihr Selbstbewusstsein erheblich, indem Sie sich diese Fragen stellen!

Schauen wir uns einige praktische Möglichkeiten an, wie man das Nicht-Urteilen täglich praktizieren kann.

Wie praktizieren wir Urteilslosigkeit?
Wie ich bereits sagte, kann es seltsam oder sogar schädlich erscheinen, gegen unser besseres Wissen vorzugehen. Ein Gleichgewicht in unserem Urteilsvermögen zu finden, kann uns jedoch mehr positiv als negativ beeinflussen. Mehrere bewusste Ansätze dazu umfassen die folgenden:

1. Beobachten, ohne zu reagieren
Wenn wir mit einer Situation konfrontiert werden, die unsere Fähigkeit, rational oder einfühlsam zu sein, auf die Probe stellt, neigen wir dazu, sofort zu reagieren, was zu schlechten Entscheidungen führt, die wir später bereuen können. Um dies zu vermeiden, ist es vorzuziehen, einfach durch den Prozess zu gehen und zu beobachten, was in uns und um uns herum passiert. Beobachten Sie, bevor Sie sprechen oder impulsive Entscheidungen treffen.

Die obigen Fragen können als Leitfaden für die Beobachtung dienen. Außerdem erfordert diese Technik Geduld und Konzentration, denken Sie also daran, zuerst zu atmen!

Diese Idee wird auch in unserem Beitrag zur Vermeidung von Störungen diskutiert.

2. Betrachten Sie die Situation für einen Moment aus ihrer Perspektive.

Meiner Meinung nach können Fehleinschätzungen durch Empathie überwunden werden. Indem ich mich in die Lage anderer versetze, kann ich nützliche Erkenntnisse über sie gewinnen, was mich daran hindert, ein negatives Urteil über sie zu fällen.

Einmal schlug einer meiner Chefs bei der Arbeit auf unser Team ein, wegen etwas, das wirklich erklärbar und reparierbar war. Und während meine Teamkollegen nervös und extrem verärgert über unsere Chefin waren, überlegte ich, dass sie sich möglicherweise durch die Last ihrer Arbeit oder die Anforderungen ihrer Vorgesetzten an dieses spezielle Projekt unter Druck gesetzt fühlte, was erklären würde, warum sie der Meinung war, dass unser Team dies nicht konnte, wollte sie sich nicht leisten, einen einzigen Fehler zu machen.

Diese Erkenntnis ermöglichte mir, meinem Vorgesetzten gegenüber empathischer zu sein. Ich habe sogar mit ihr gesprochen und gefragt, ob sie etwas stört oder ob ich ihr helfen könnte.

Anstatt sie als schlechte Chefin zu verurteilen, habe ich mich in ihre Lage versetzt, und wir haben es ausgearbeitet.

3. Erlaube deinem Geist, sich zu erweitern

Heutzutage sind Fehleinschätzungen ziemlich üblich, besonders wenn man eine starke Meinung hat und nicht bereit ist, alternative Standpunkte zu akzeptieren. Es ist akzeptabel, eine starke Meinung zu einem Thema zu vertreten, das Ihnen wichtig ist, aber es ist auch von Vorteil, innezuhalten und zuzuhören.

Indem wir unseren Horizont erweitern, können wir anderen gegenüber freundlicher sein. Einen Roman in die Hand zu nehmen oder einen unbekannten Film anzusehen, könnte ausreichen, um die Dinge ein wenig aufzurütteln. Sie können an Gesprächen teilnehmen, die Ihr Gehirn anregen und Sie auf neue Gedanken bringen. Nähren Sie weiterhin Ihren Geist und Ihre Seele – dies ermöglicht uns, empfänglicher, sanfter und sensibler zu sein.

Urteilen ermöglicht es uns, vernünftige Urteile zu fällen, uns vor Gefahren zu schützen und zu überleben. Es gibt jedoch Gelegenheiten, bei denen wir vergessen, dass nicht alle Situationen ein strenges Urteilsvermögen erfordern. Im Gegenteil, nicht wertend zu sein, kann unserem Wohlbefinden zugutekommen, unseren Frieden stärken und es uns ermöglichen, Mitgefühl zu verbreiten. Bevor Sie also über sich selbst oder andere urteilen, wählen Sie zuerst Freundlichkeit!

Die Kraft der selbstheilenden Liebe

Selbstliebe ist eines der stärksten und therapeutischsten Geschenke, die Sie sich selbst machen können. Wenn Sie sich selbst wirklich lieben, verbinden Sie sich mit einer wundersamen und gütigen Realität in uns. Das ist die Wahrheit: Wir alle verdienen Güte und sind in der Lage, wunderbare und inspirierende Energie in unser Leben zu ziehen. Selbstliebe ist unglaublich, weil es Sie mit einer heiligen Quelle der Liebe verbindet, der Quelle des Herzens. Wenn Sie für Selbstliebe empfänglich sind, sind Sie für die Welt und Ihre Erfahrungen in dieser Existenz empfänglich. Was Selbstliebe so tiefgreifend macht, ist, dass es Ihnen ermöglicht, vollkommen ehrlich zu sich selbst zu sein und Ihren Instinkten zu vertrauen. Sie verwandeln sich in eine unerschütterliche Quelle der Tugend und Erleuchtung für andere um sich herum. Zu den Vorteilen gehören ein Gefühl der Freude und ein klarer, selbstbewusster Gedanke an sich selbst. Im Wesentlichen, wenn Sie Ihren Körper, Geist und Seele wirklich wertschätzen, werden Sie zu Ihrem höheren Selbst.

Viele Menschen sind sich ihres Mangels an Selbstliebe nicht bewusst. Dies ist häufig das Ergebnis unseres bewussten (und unbewussten) Gehirns, das auf Autopilot arbeitet. Das Aufdecken negativer Selbstüberzeugungen kann Ihnen helfen, zu heilen und zu sehen, wie großartig, talentiert und liebevoll Sie wirklich sind. Nicht-Selbstliebe basiert auf verschiedenen Emotionen, darunter Angst, Zweifel, Wut, Angst, Verzweiflung und Selbstabneigung. Wenn wir bei einer Verbindung zögern, empfinden wir Zweifel und Angst. „Was ist, wenn das nicht die richtige Person ist, mit der ich mein Leben verbringen kann?" Das fragen Sie sich vielleicht. Oder leiden Sie vielleicht unter Traurigkeit, weil Sie glauben, dass Sie nicht intellektuell oder attraktiv genug sind? Eine andere Instanz wird wütend sein über etwas, das in der Vergangenheit passiert ist. Vielleicht hat Ihnen jemand geschadet, aber wie sagt man so schön: „Groll ist, als würde man jemandem erlauben, mietfrei in seinen Gedanken zu leben."

Wenn Sie sich beispielsweise an Angst, Zweifel, Wut, oder Verzweiflung klammern, werden diese Emotionen in Ihrem Körper gefangen und verursachen Energieblockaden, die schließlich zu Krankheiten führen können. An dem Punkt, an dem wir uns auf anbetende Gedanken und Gefühle wie Kühnheit, Vertrauen, Glückseligkeit, Unterstützung, Trost und Zufriedenheit konzentrieren, bleiben unser Körper und unsere Psyche makellos, klar und gesund. Selbstliebe ist ein natürliches Heilmittel, das Sie bei ausgezeichneter Gesundheit erhalten kann. Dies ermöglicht es Ihnen, sich auf Ihre Ziele, Ziele und Ihren Lebenszweck zu konzentrieren.

Wenn Sie sich von ganzem Herzen lieben, können Sie auch den Rest der Welt lieben. Weil Sie sanft und freundlich zu sich selbst sind, werden Sie auch zu anderen sanft und freundlich sein. Wenn Sie sich selbst vergeben, drücken Sie Ihre aufrichtige Liebe für das aus, was Sie sind. Ebenso für andere. Selbst wenn Ihnen jemand Unrecht getan hat, selbst wenn jemand Ihnen gegenüber unethisch gehandelt hat, können Sie ihm vergeben; indem Sie ihnen vergeben, befreien Sie sich von allem, was Ihrer Liebe im Wege steht. Intuition ist mit Selbstliebe verbunden. Es dient als Leitfaden und enthüllt die Wahrheit über eine Person, einen Ort oder ein Objekt. Selbstliebe ist im Wesentlichen der Kompass Ihres Geistes.

Um die Nicht-Selbstliebe zu transzendieren, müssen wir unsere Ideen einfangen, bevor sie die Oberhand gewinnen. Meditation, Ruhe, Qigong und die Verbindung zu einem Meister oder einer höheren Quelle werden Ihnen helfen, Ihre innewohnende Schönheit und Integrität zu erkennen. Deine überlegene Quelle wird dich ständig erheben. Selbstliebe ist ein wunderbares Naturphänomen! Es trägt Sie zu unglaublichen

Höhen des Vertrauens und der Ehrfurcht. Mit einem klaren Verstand und Selbstliebe wird Ihre Kreativität gedeihen. Darüber hinaus werden Sie transzendente Energie und außergewöhnliche Lebensereignisse zeichnen.

Um Selbstliebe zu kultivieren, denken Sie daran, dass Sie sie verdienen. Jeder einzelne Mensch tut es. Wenn Sie sich nicht würdig fühlen, verwenden Sie Qigong oder Meditation, um diese emotionalen Hindernisse anzugehen. Es ist wichtig, veraltete Informationen zu löschen, um Platz für neue zu schaffen. Üben Sie die Verbindung mit Wesen des Lichts, Engeln und Elementaren in der Natur und intuitive Gespräche mit schönen, wilden Tieren und dem Wechsel der Jahreszeiten. Achten Sie auf die Natur. Wenn Sie sich in einem Zustand reiner Liebe befinden, wird sie zu Ihnen sprechen und synchron reagieren. Denken Sie daran, dass das natürliche Leben atemberaubend schön ist. Machen Sie eine Pause von der hektischen und gelegentlich ablenkenden Welt um Sie herum. Machen Sie Urlaub, sei es auch nur mental. Meditieren, beruhigende Hobbys ausüben und Zeit für Disziplinen wie Qigong aufwenden, ist von Vorteil. Dies wird Ihnen helfen, geistige Ruhe und herzliche Zuneigung zu erreichen. So erlangen Sie Selbstliebe.

Achten Sie auf Ihren physischen Körper und Ihre Emotionen. Unser Körper kommuniziert mit uns über Schmerz und Krankheit. Wenn sie dies tun, versuchen sie zu kommunizieren, dass etwas aus dem Gleichgewicht geraten ist und Aufmerksamkeit erfordert. Das Visualisieren der schönsten und liebevollsten Momente in Ihrem Leben kann äußerst vorteilhaft sein, um eine hervorragende Gesundheit zu erhalten. Denken Sie an die Geburt Ihres Kindes, das Mitgefühl eines Haustieres, den Duft blühender Bäume im Frühling oder die klare Luft am Strand, während Sie auf die Wunder unserer wunderschönen Ozeane blicken. Lassen Sie sich von diesem ruhigen Geist leiten. Dann befreien Sie sich von der Vergangenheit. Diese Geschichten sind nicht mehr relevant, und Sie haben jetzt den aktuellen Moment, um Heilung für das anzubieten, was Sie gequält hat. Indem Sie sich einfach auf den gegenwärtigen Moment mit Selbstliebe-Praktiken konzentrieren, werden Sie feststellen, dass Sie die Geschichte Ihrer Vergangenheit vergeben. Reflexion – Zurückblicken – ist ein Geschenk. Durch diese Erfahrung kann eine tiefere Liebe zu sich selbst entwickelt werden.

Sie sind eine gesegnete, verehrte und außergewöhnliche Person. Bleiben Sie sich dieser Wahrheit ständig bewusst. Notieren Sie es und lesen Sie es sich jeden Tag vor. Schreiben Sie sich einen Liebesbrief! Passen Sie auf sich auf.

Außerdem LÄCHELN! Start My Internal Love Engine wird als S.M.I.L.E. abgekürzt. Bedenken Sie, dass jedes Mal, wenn Sie lächeln, ein kleiner Liebesmotor in Ihnen entzündet wird. Ein Motor ist ein Gerät, das Energie in Bewegung umwandelt. Wenn Sie lächeln, lieben Sie sich bedingungslos, was Liebe an alle um Sie herum überträgt. Selbstliebe ist das Geheimnis für ein sinnvolles und freudvolles Leben. Denken Sie daher immer daran, zu LÄCHELN und Ihre Liebe an alle Wesen weiterzugeben, besonders an sich selbst.

Wie man Selbstwertgefühl und Selbstvertrauen entwickelt
„Ich liebe dich." Nach einigen Schätzungen ist dies einer der am häufigsten verwendeten Ausdrücke in menschlichen Interaktionen. Es ist eines der ersten Wörter, die kleine

Kinder hören und sagen lernen, und es ist häufig das letzte, was Ehepartner, Verwandte und Freunde zueinander sagen, bevor sie sich trennen oder sich für die Nacht zurückziehen. Und haben Sie bei all den Zeiten, in denen Sie dies zu anderen gesagt haben, jemals darüber nachgedacht, wie oft Sie es zu sich selbst gesagt haben? Wie oft schauen Sie in den Spiegel und sagen: „Ich verehre dich"? Natürlich muss Selbstliebe nicht bedeuten, laut mit sich selbst zu sprechen, aber das Konzept bleibt dasselbe. Eine Person zu sein bedeutet zu verstehen, dass die Grundlage dafür, andere zu lieben und selbst geliebt zu werden, darin liegt, zuerst sich selbst zu lieben.

Fazit: Wenn Sie sich selbst lieben, haben Sie den Schlüssel, um das Leben zu leben, das Sie sich wünschen. Menschen sind von klein auf dazu bestimmt, Liebe zu suchen, und sie tun dies im Allgemeinen ihr ganzes Leben lang. Wenn Sie sich selbst zuerst lieben, öffnen Sie sich dafür, die Liebe zu erhalten, die Sie suchen. Wenn Sie sich selbst nicht lieben, glauben Sie auch nicht, dass Sie Liebe verdienen. Sie können es sogar unbewusst verdrängen. Bevor Sie echte Beziehungen zu anderen eingehen und entwickeln können, müssen Sie zuerst lernen, sich selbst zu lieben.

1. Selbstwertgefühl ist das Herzstück der Selbstliebe und geht Hand in Hand mit Selbstvertrauen. Es ist wichtig, die beiden und ihre ähnlichen, aber getrennten Definitionen zu unterscheiden. Selbstvertrauen ist das Vertrauen in Sie selbst und Ihre Fähigkeit, Ziele zu erreichen, während Selbstwertgefühl die Idee ist, dass Sie den Respekt und die Liebe anderer Menschen verdienen. Die Entwicklung dieser beiden Empfindungen in Ihnen selbst ist der Schlüssel, um zu lernen, sich selbst so zu schätzen, wie Sie es verdienen.

2. Wie beginnst Sie also Ihre Reise in Richtung Selbstliebe? Gewiss, einigen mag es leichtfallen, anderen nicht.

3. Da Sie das Ergebnis Ihrer eigenen einzigartigen Lebenserfahrungen sind, ist es schwierig vorherzusagen, wo Sie landen werden. Eines ist sicher: Wenn Sie lernen möchten, sich selbst zu lieben und Ihr Selbstwertgefühl und Selbstvertrauen zu verbessern, müssen Sie sich anstrengen. Es mag einschüchternd erscheinen, aber keine Angst! Die Errungenschaften, auf die Sie am meisten stolz sein werden, sind diejenigen, die Sie fleißig gearbeitet haben.

4. Nehmen Sie eine aktive Rolle ein. Es kann schwierig sein, eine Aktivität zu finden, die Ihnen Spaß macht, da es so viele Möglichkeiten gibt. Endorphine sind dafür bekannt, dass sie effektiv Stress abbauen und die Stimmung verbessern. Für einige kann dies bedeuten, dass sie anfangen, Sport zu treiben und körperlich aktiver zu sein. Für andere kann es bedeuten, ein Hobby zu entwickeln und mehr Zeit für Aktivitäten zu verwenden, die ihnen Spaß machen oder für die sie eine Leidenschaft haben. Andere entdecken vielleicht, dass das Reinigen oder Organisieren ihres Arbeits- oder Wohnbereichs die entspannendste Aktivität ist. Welchen Weg Sie auch einschlagen, es ist eine Handlung, die Ihnen beibringt, sich selbst zu lieben, indem Sie Ihre Fähigkeiten demonstrieren und Ihr Selbstvertrauen stärken.

5. Behalten Sie eine optimistische Einstellung bei. Dies ist vielleicht am schwierigsten zu lernen, da es sich oft so anfühlt, als gäbe es überall Negativität. Aber weißt du was? Darüber hinaus können Sie sich dafür entscheiden, sich mit

Optimismus zu umgeben, der definitiv verfügbar ist. Wenn Sie Schwierigkeiten haben, ein Selbststarter zu sein, wenn es darum geht, positiv zu sein, ist das völlig normal. Beginnen Sie damit, sich mit positiven Menschen, Büchern, Fernsehprogrammen, Zitaten, Affirmationen, Social-Media-Profilen und Podcasts zu umgeben – was auch immer Ihre Aufmerksamkeit zuerst erregt. Befreien Sie gleichzeitig Ihr Leben von negativen Einflüssen, denn Sie brauchen sie nicht! Sie werden einfach von Dingen inspiriert, die Ihnen helfen, sich selbst zu verehren, und glücklicherweise gibt es da draußen eine Menge Dinge, die Sie finden können.

6. Essen Sie gut. Angenommen, Sie bereiten Ihr Großhirn darauf vor, sich selbst zu schätzen, müssen Sie es unterstützen! Das Beibehalten einer soliden Essroutine ist einer der grundlegendsten Fortschritte, die Sie auf Ihrem Weg des Selbstwertgefühls erreichen können. Warum sollte das der Fall sein? Da das Essen, das Sie essen, Ihre allgemeine Denkweise und Ihr Energieniveau erheblich beeinflusst. Es hat sich gezeigt, dass der Verzehr von Nahrungsmitteln mit hohem Fett-, Salz- und Zuckergehalt auf lange Sicht Ihre Stimmung beeinflusst und zu Gewichtszunahme, Depression und schrecklichen Auswirkungen auf das Wohlbefinden führt. Es hat sich durchweg gezeigt, dass die Vermeidung von Junk Food und der vermehrte Verzehr von magerem Protein, Obst und Gemüse einen positiven Einfluss auf Geist und Körper haben. Darüber hinaus sind die Vorteile einer nahrhaften Ernährung zahlreich, darunter eine verbesserte Gesundheit, mehr Energie und sogar einige Veränderungen im Aussehen Ihres Körpers, Ihrer Haare und Ihrer Haut.

7. Klären Sie Ihre finanzielle Situation. Bargeld ist in der heutigen Kultur eine bedeutende Stressquelle. Es ist schwer, sich selbst zu lieben, wenn Sie ständig ängstlich sind, weshalb Ihr Geld die Hauptsorge sein sollte. Selbst wenn Sie nicht im Lotto gewinnen, gibt es immer noch Möglichkeiten, Ihr Geld härter für Sie arbeiten zu lassen. Konzentrieren Sie sich zunächst auf die Einrichtung eines Schlechtwetterfonds, damit Sie nicht jedes Mal auf Ihre Ersparnisse zurückgreifen müssen, wenn ein unvorhergesehener Bedarf entsteht. Untersuchen Sie dann an diesem Punkt Ihre monatlichen Ausgaben. Stimmt es, dass es Regionen gibt, in denen Sie Ausgaben reduzieren können? Erstellen Sie außerdem eine Strategie, um alle Ihre Schulden abzuzahlen, unabhängig davon, wie lange es dauert, und vermeiden Sie nach Möglichkeit die Aufnahme zusätzlicher Kredite oder die Verwendung von Kreditkarten. Wenn Sie Ihre Kreditkarten verwenden müssen – und seien wir ehrlich, die meisten von uns tun dies – versuchen Sie, nur das auszugeben, was Sie bezahlen können, wenn Ihre monatliche Rechnung eintrifft. Innerhalb weniger Schritte sollten Sie sich in einer besseren finanziellen Situation befinden. Denken Sie daran, dass ein Budget Ihr bester Freund ist!

8. Helfen Sie anderen. Wenn Sie jemanden dabei beobachten, wie er etwas Gutes tut, denken Sie zweifellos: „Wow, was für ein wunderbarer Mensch!" Und Sie haben mit ziemlicher Sicherheit Recht. Zum Glück kann man auch so ein positives Selbstbild haben! Alles, was benötigt wird, ist eine helfende Hand. Erkundigen Sie sich bei Ihrer örtlichen Unterkunft, Ihrem Gottesdienstzentrum oder Ihrer

Hilfsorganisation nach Möglichkeiten für Freiwillige, aber denken Sie daran, dass es so einfach sein kann, einer anderen Person zu helfen, wie eine Hausarbeit für einen Nachbarn zu erledigen oder einzuspringen, um jemandem in Not zu helfen.

9. Bauen Sie auf Wissen. Das kann alles sein, vom Lesen eines faszinierenden Zeitschriftenartikels über ein unbekanntes Thema bis hin zum Aufgreifen eines neuen Talents, wie z. B. ein Instrument zu spielen, mit den Händen zu arbeiten oder eine neue Sprache zu lernen. Wenn sich Ihr Gehirn entwickelt, entwickelt sich auch Ihr Herz, und Sie lernen vielleicht, sich selbst zu lieben, zusammen mit allem, was Sie sonst noch lernen.

10. Arbeiten Sie an der Körpersprache. Jeder leidet irgendwann darunter, dass er sein Aussehen im Spiegel nicht mag. Ein paar kleine Modifikationen, wie z. B. aufrechter zu stehen, mit geraden Schultern, das Kinn hochzuhalten und so viel wie möglich zu lächeln, könnten jedoch Ihre Selbstwahrnehmung verändern und es einfacher machen, sich selbst zu lieben.

11. Machen Sie anderen Komplimente und nehmen Sie Komplimente an. Machen Sie es sich zum täglichen Ziel, jemand anderem Komplimente zu machen. Es ist nicht schwer! Sie können die Stimmung oder das Energieniveau einer Person kommentieren oder einfach sagen: „Hey, es ist eine Freude, mit Ihnen zusammen zu sein." Ihr Lächeln wird Ihr Herz zum Schmelzen bringen. Wenn Sie schon dabei sind, stellen Sie sicher, dass Sie nicht versuchen, das

Kompliment eines anderen abzulenken oder zu schmälern. Sagen Sie einfach „Danke!" und meinen Sie es. Warum sollten Sie es schließlich nicht sehen, wenn sie es tun?

12. Visualisieren Sie Ihre Leistungen. Wenn Sie immer noch daran arbeiten, sich selbst mehr zu lieben, schließen Sie Ihre Augen und stellen Sie sich vor, Sie wären an diesem Ort. Machen Sie es sich zur täglichen Gewohnheit und Sie werden bald feststellen, dass Sie unbewusst auf diese Vision von sich selbst hinarbeiten.

13. Reverse-Fehler. Scheitern ist ein fantastischer Lehrer, auch wenn es eines der schwierigsten Dinge ist, es zu akzeptieren. Es ist auch eine Gelegenheit für Sie, Ihre Menschlichkeit anzuerkennen, zuzugeben, dass Sie nicht perfekt sind, und aus Ihren Fehlern zu lernen, um sich beim nächsten Mal zu verbessern. Gönnen Sie sich Anmut angesichts des Scheiterns und erkennen Sie es als das, was daraus werden kann: WACHSTUM.

Jetzt, da Sie einen Rahmen für die Entwicklung von Selbstliebe und Selbstvertrauen geschaffen haben, können wir loslegen! Verwenden Sie diese Taktiken, um den Fortschritt Ihres Plans zu beschleunigen.

Techniken der Selbstliebe
1. Sagen Sie sich selbst positive Aussagen vor. Es ist wissenschaftlich erwiesen, dass wiederholte Exposition Menschen dazu bringt, dem zu vertrauen, was sie hören. Warum also nicht mit Aussagen und Zitaten beginnen, die Ihnen zweifellos helfen werden, sich selbst zu lieben? Machen Sie es sich zur Aufgabe, diese Sprüche jeden Tag

zur gleichen Zeit laut vor sich hin zu lesen oder zu rezitieren, damit sie in Ihrer täglichen Gewohnheit verankert werden.

2. Verteilen Sie Haftnotizen im ganzen Haus. Es ist schwierig, neonfarbene Erinnerungen zu ignorieren, wenn sie überall sind. Machen Sie eine Kopie von einem der Punkte auf der obigen Liste sowie einigen der positiven Affirmationen und hängen Sie sie über Ihrem Haus, Arbeitsplatz oder Fahrzeug auf – überall dort, wo Sie sie wahrscheinlich sehen werden! Sie werden feststellen, dass Sie ständig über Wege nachdenken, sich selbst zu lieben, und sogar anfangen, es zu fühlen, wenn Sie sich die Zeit nehmen, jeden einzelnen zu lesen, wenn Sie in ihre Richtung schauen.

3. Pflegen Sie eine Liste. Sie können Elemente zu Ihrer Liste hinzufügen, die abgeschlossen werden müssen. Machen Sie es sich zum täglichen Ziel, etwas von Ihrer Liste abzuhaken und dann etwas Neues hinzuzufügen, egal wie geringfügig die Aufgabe ist. Mit der Zeit werden Sie feststellen, dass Sie immer produktiver werden. Ist es nicht schwierig, sich selbst nicht zu schätzen, wenn man so erstaunlich darin ist, Dinge zu erledigen?

4. Reagieren Sie auf Ihre Gedanken. Indem Sie die Gedanken kommentieren, die Ihnen durch den Kopf gehen, können Sie als Ihr eigener Coach agieren. Wenn Ihnen ein schlechter Gedanke kommt, ersetzen Sie ihn schnell durch etwas Positives (Sie können sogar einige vorgefertigte Antworten haben, die Sie für sich wiederholen).

Auf der anderen Seite, wenn Ihnen ein positiver Gedanke kommt, bestätigen Sie sich selbst, dass es eine großartige

Idee ist und dass Sie die Fähigkeit besitzen, sie Wirklichkeit werden zu lassen.

5. Stellen Sie sich jeden Tag vor den Spiegel und nennen Sie laut fünf Dinge, die Sie an sich selbst bewundern. Sie können von Tag zu Tag schwanken oder konstant bleiben. Der entscheidende Aspekt ist, sich selbst in die Augen zu schauen und sie zu verbalisieren. Extra-Tipp: Lächeln, während Sie es tun, kann Ihre Erfolgschancen erhöhen!

Wenn Sie Ihr Selbstwertgefühl ernsthaft verbessern wollen, denken Sie daran, dass es ein Marathon ist, kein Sprint. Was Sie dorthin bringt, sind Entschlossenheit, Engagement, Beständigkeit, Verständnis und Anmut. Nach dem Pfad können Sie einen Schritt zurücktreten, sich umschauen und sich frei fühlen, sich selbst zu lieben und selbstbewusst zu sein, wie Sie es sein sollten.

Selbstliebe ist die effektivste Art der Heilung
Selbstliebe ist das wirksamste Heilmittel. Es ist die effektivste Heilmethode.

Wenn Sie auf bestimmte Situationen oder Personen zurückblicken und erkennen, dass Sie ohne sie besser dran sind, Sie sind besser dran ohne ihre Urteile, Sie sind besser dran ohne ihre Semmelbrösel und Sie sind besser dran ohne ihre giftige Energie, Selbstliebe ermöglicht es Ihnen, mit Leichtigkeit weiterzumachen.

Selbstliebe stärkt Sie. Es zwingt Sie dazu, die Tür für diejenigen weit aufzustoßen, die gehen möchten, diejenigen, die glauben, dass Sie sie verfolgen werden, wenn sie weggehen.

Selbstliebe gibt Ihnen das Selbstvertrauen zu wissen, dass Sie allein glücklich und erfüllt sein können, ohne dass Sie von jemand anderem bestätigt oder vervollständigt werden müsen.

Sie haben eine hohe Fähigkeit, sich selbst bewusst zu sein, und Sie haben die Gewissheit, sich Herausforderungen zu stellen. Was Sie sich wünschen, ist in Ihrem Kopf kristallklar und Sie halten sich nicht zurück, wenn Sie es ausdrücken. Sie werden nichts weniger akzeptieren, und unabhängig davon, wie sehr Sie sich um jemanden kümmern, werden Sie seine Spiele, Lügen oder falschen Versprechungen nicht tolerieren. Selbstliebe schützt Sie vor denen, die Ihnen einrenden wollen, dass Sie unwichtig sind. Selbstliebe schützt Sie vor denen, die nicht in der Lage sind, Sie wirklich zu lieben.

Selbstliebe ermöglicht es Ihnen, schnell zu lernen. Sie bleiben nicht auf unbestimmte Zeit in einer schädlichen Situation. Sie stellen Aktivitäten ein, die unwirksam oder Ihrem Wohlbefinden abträglich sind. Sie entfernen sich von denen, die keine Vorstellung von Ihrem Wert oder gar Respekt haben. Sie verletzen sich nicht wiederholt, indem Sie die gleichen Fehler wiederholen. Selbstliebe ermöglicht es Ihnen, eine Mauer zwischen sich und Menschen zu errichten, die Ihnen Schaden zugefügt haben. Selbstliebe macht Sie nicht unsensibel; es macht Sie nur blind gegenüber Menschen, die Ihnen Schmerzen bereiten. Es zwingt Sie, Ihrer geistigen und emotionalen Gesundheit Priorität einzuräumen.

Der wunderbarste Aspekt der Selbstliebe ist, dass sie Menschen in Ihrer unmittelbaren Umgebung hilflos macht; sie haben keine Kontrolle über Sie, Ihre Emotionen oder Ihre Ideen. Ihre Abwesenheit wird Ihnen nicht schaden oder Sie daran hindern, große Dinge zu vollbringen. Ihre Angriffe werden Sie niemals durchdringen oder Sie brechen, weil Sie wissen, wer Sie sind und wie Sie sich amüsieren, und andere, die das nicht sehen, werden niemals Ihre Wahrnehmung von sich selbst ändern. Und wenn Sie jemandem die Macht nehmen, werden sie wütend. Sie verachten das Gefühl, dass sie keine Kontrolle über Sie haben. Sie verachten die Tatsache, dass sie Sie nicht manipulieren können.

Selbstliebe bedeutet nicht, dass Sie sich anderen überlegen fühlen, noch bedeutet es, dass du stoisch oder kaltherzig bist. Es bedeutet einfach, dass Sie an sich selbst glauben, dass Sie wissen, was Sie wollen, dass Sie das Maß an Liebe und Respekt verstehen, das Sie verdienen, und dass Sie nicht bereit sind, weniger zu nehmen. Es bedeutet nur, dass Sie lange an sich selbst gearbeitet und viele schwierige Kämpfe gekämpft haben, um dorthin zu gelangen, wo Sie heute sind, und Sie nicht bereit sind, zuzulassen, dass ein anderer Mensch hereinkommt und all das zerstört. Sie sind nicht bereit, sich von einem anderen Menschen definieren zu lassen, wer Sie sind oder wie Sie sich selbst wahrnehmen.

Selbstliebe ist der Höhepunkt jahrelanger Heilung, Jahre des Aufsammelns der Scherben, Jahre der Einsamkeit, Jahre des Selbstzweifels, und Sie sind nicht bereit zuzulassen, dass irgendjemand auch nur einen Bruchteil davon zerstört oder verringert. Sie werden nicht zulassen, dass jemand das zerstört, wofür Sie so hart gearbeitet haben.

VERGEBUNG EMPFANGEN UND GEBEN

Ich habe einmal mit meinem 7-jährigen Sohn viele Stunden in einem Park in meiner Stadt verbracht. Eine Zeit lang hat sich mein erwachsenes Ich zugunsten einer jüngeren Version von mir selbst verdrängt, einem verträumten Kurt, der es genießt, über triviale Dinge zu kichern und das Universum mit großen Augen zu bewundern. Als wir durch den Park gingen, hielten Alexander und ich uns an den Händen, saßen unter einer großen Kiefer, um unsere „Bäuche" zu vergleichen, um zu sehen, was weißer war, erstellten eine verbale Liste all der schönen Dinge, die das Universum im Park geschaffen hatte, machten ein Foto von uns darin vor einem Wasserfall und sangen alberne Lieder, bis wir fast außer Atem waren.

Als wir nach Hause fuhren, kam mir in den Sinn, dass ich ihn ohne Grund verehrte. Nicht, weil er amüsant ist oder weil sie mir ähnelt, sondern einfach, weil er meine Familie ist. Diese innewohnende Zuneigung veranlasst mich, seine Intelligenz und seinen scharfen Sinn für Humor zu schätzen; es bringt mich auch dazu, mich an ihm zu erfreuen und das Beste für ihn zu tun – wozu auch gehört, ihm zu vergeben, wenn es nötig ist.

So wirkt die höhere Intelligenz. Die Tatsache, dass wir erschaffen wurden, bedeutet, dass wir bedingungslos geliebt werden, und wenn Sie ein Mitglied dieser Familie sind, bedeutet das, dass auch Sie so geliebt werden.

Die universelle Liebe vergibt Ihnen nur aus Liebe zu Ihnen. Sie wurde jedoch nicht dazu getrieben zu vergeben; Sie entschied sich aus angeborener, tiefer und beständiger Liebe zu vergeben.

Vergebung kommt als angenehme Überraschung.
Ist es nicht manchmal schwierig, Vergebung zu bekommen? Warum ist das so? Denn so viele von uns, die von unzähligen Problemen niedergedrückt werden, erkennen tief im Inneren, dass wir es nicht wert sind. Wir kämpfen gegen Stolz und Demütigung, Wut, Bitterkeit, Neid, Angst, Unsicherheit, Egoismus und anderen Verrat am menschlichen Herzen. Daher ist unsere größte Überraschung nicht, wenn jemand schroff, unhöflich oder unversöhnlich ist, weil dies nur allzu vertraut ist; und leider, wenn wir lange genug leben, erwarten viele von uns, dass ihnen nicht vergeben wird. Stattdessen ist unsere größte Überraschung, wenn uns vergeben wird, unabhängig davon, wer wir sind oder wer wir nicht sind.

Als ich von einer Freundin Vergebung erhielt, ging ich einmal weinend auf die Knie und ich fragte mich, wie sie mich trotz meiner Mängel noch lieben konnten.

Unsere Herzen werden warm, wenn wir Vergebung bekommen. Wir müssen unsere Fehler nicht länger verbergen. Wir können trotz unserer Fehler überleben, weil wir verstehen, dass Liebe eine Vielzahl von Sünden zudeckt (1. Petrus 4,8). Wenn wir Vergebung verstehen, verstehen wir auch, dass

Mängel nicht das Ende der Liebe bedeuten; vielmehr bieten sie eine Gelegenheit für Liebe und Vergebung, durch die Dunkelheit unserer Fehler zu leuchten.

Die Vergebung des Universums ist mächtig. Es ist befreiend. Es erlaubt dem menschlichen Herzen, einfach zu sein. Und nachdem wir die unendlich Vergebung verstanden haben, können wir sie mit anderen teilen.

Schenken Sie jemand anderem das befreiende Geschenk der Vergebung.
Leider erleben nur wenige von uns die höchste Version der Vergebung in unseren zwischenmenschlichen Beziehungen. Es ist etwas, das wir selten erhalten oder anbieten. Schließlich kommt es weltweit täglich zu Scheidungen aus Egoismus, Morden, Skandalen, Ressentiments und Spaltungen.

Ein vergebender Ehemann hat eine Frau umarmt, die eine Affäre hatte und mit dem Kind „des anderen Mannes" schwanger wurde; ein Vater, der seiner Tochter Unrecht getan hat und nach Hause zurückgekehrt ist, um Vergebung zu finden; oder eine Spielsüchtige, die eine Offenbarung hatte und von denen in ihrer Gemeinde akzeptiert wurde, was zu ihrer Heilung führte. Andere haben Herzschmerz erlitten, weil sie mehr bekommen haben, als sie verdienen.

„Es gibt keine Worte dafür, wie man sich fühlt, wenn einen jemand so willkommen heißt", sagte mir die Dame, die eine Affäre hatte.

Meine natürliche Tendenz war, eine Mauer um mich herum zu bauen, da ich mir nicht vorstellen konnte, dass mein Mann mir verzeihen würde. Es war mir peinlich." Sie war sich völlig bewusst, dass sie Verurteilung verdient hatte, aber stattdessen Liebe erhielt. Alle Kieselsteine, die ihr Mann auf sie geworfen hätte, warf er hin, um sich seinem höheren Selbst zu unterwerfen. Er verkörperte universelle Liebe wurde auf eine tiefere und bedeutungsvollere Ebene repariert. War es einfach? Nicht auf diese Weise, aber es hat ihr Leben bereichert, indem es ihre Herzen für die Liebe erweitert und sie durch die Kraft der Vergebung verändert hat.

Lassen Sie es mich klar sagen: das Universum ruft uns vielleicht nicht immer dazu auf, Verbindungen zu bestimmten Menschen aufrechtzuerhalten, weil dies unserem Leben schaden würde und gegen seinen Willen ist – aber er ruft uns immer dazu auf, diesen Menschen zu vergeben .

Es ist unsere Aufgabe, zu fragen, wen wir in unserem Leben behalten und mit wem wir die Verbindung abbrechen sollten.

Vergebung ist auch für Sie ein Segen!
Manchmal mag sich Vergebung wie eine einseitige Vereinbarung anfühlen, als ob wir uns alle Mühe geben, während die andere Person damit durchkommt. Denken Sie daran, dass die Unfähigkeit zu vergeben von dem Wunsch herrührt, das Unrecht zu korrigieren, unsere Unschuld zu gewährleisten und die andere Person zu bezahlen. Wir suchen Abhilfe! Ironischerweise würden wir Gerechtigkeit erfahren, wenn wir das bekämen, was wir verdienen, aber das Universum hat sich entschieden, uns zu vergeben.

Auf keinen Fall bin ich ein fehlerfreier Vergeber.
Leider gab es Momente, in denen ich hinter meinen eigenen Erwartungen zurückblieb. Ich habe mich an meine Angst

geklammert, weil ich glaubte, ich hätte ein Recht darauf. Die Vergebung, die ich nicht gewähren wollte, verursachte mir jedoch Schmerzen. Wir erfahren Frieden, wenn wir vergeben, denn es gibt keine Vergebung, es gibt immer Wut, und Wut und Gelassenheit können nicht friedlich im selben Herzen koexistieren.

Mein Freund, Sie werden Frieden finden, wenn Sie sich entscheiden, Vergebung anzunehmen und sie anderen zu geben. Wenn Sie jedoch an Unrecht festhalten, das Ihnen angetan wurde, wird das Ergebnis Qual, Wut, Frustration und Angst sein.

Was Vergebung mit sich bringt
Vergebung bedeutet, einen Groll zu begraben und unser Recht auf Rache aufzugeben. Wir verzichten auf Bitterkeit. Wir ziehen es vor, nicht bei dem Fehlverhalten desjenigen zu verweilen, der uns Schaden zugefügt hat. Nach einer der Bedeutungen von Webster's Dictionary bedeutet Vergebung „Raum für Fehler oder Schwäche schaffen".

Es ist schwer, sich eine bessere Welt vorzustellen, wenn wir alle nur ein bisschen mehr so wären. Laut der Autorin und Pädagogin Beth Moore sind wir Gott nie ähnlicher, als wenn wir vergeben.

Also, was wird Ihre Antwort sein? Werden Sie sich dafür entscheiden, der nächsten Person, die Ihnen Unrecht tut, zu vergeben, basierend auf Gottes Vergebung für Sie? Werden Sie Ihren Groll beiseiteschieben und Ihre „Rechte" aufgeben, so wie Gott seine aufgegeben hat, als er am Kreuz starb? Werden Sie der Anbieter eines nicht von dieser Welt stammenden Geschenks der Vergebung sein? Werden Sie Gott erlauben,

Ihnen beizustehen, wenn Sie glauben, dass Sie nicht in der Lage sind, zu vergeben?

Lassen Sie Ihren Ärger vergehen, mein Freund. Geben Sie es Gott und vergeben Sie dann jemandem, auch wenn Sie glauben, dass er es nicht verdient. Sicherlich kann es dauern. Verpflichten Sie sich Gott. Bitten Sie um Seine Hilfe. Er wird Sie nicht im Stich lassen.

Wie man anderen vergeben kann

Anderen zu vergeben ist ein langwieriger und mühsamer Prozess. Wenn ein Elternteil Sie missbraucht, Sie von einem Liebhaber betrogen oder von einem Fremden angegriffen hat, kann es unmöglich, wenn nicht sogar unmöglich erscheinen, der Person zu vergeben, die Ihnen Schaden zugefügt hat. Dies gilt insbesondere, wenn die Person, die Ihnen Schaden zugefügt hat, ihre Handlungen leugnet oder sich nicht einmal entschuldigt. Vergebung ist jedoch etwas, das Sie für sich selbst tun, nicht für sie. Vergebung bedeutet, zu analysieren, was passiert ist und wie es Sie beeinflusst hat, sowie Ihre Wut, Ihr Leiden und Ihren Wunsch nach Rache loszulassen. Wenn Sie sich damit abfinden, was passiert ist, können Sie weitermachen.

Warum vergeben

Die Trauer und den Groll aufrechtzuerhalten, die von jemandem verursacht wurden, der Ihnen Schaden zugefügt hat, schadet Ihrer Gesundheit. Diejenigen, die sich weigern zu vergeben, können unter körperlichen und psychischen Gesundheitsproblemen leiden. Dies kann sich auf verschiedene Weise äußern, darunter Herz-Kreislauf-Probleme, ein geschwächtes Immunsystem und eine Zunahme von Angst- und Depressionssymptomen. Wenn Ihre Betonung eher auf dem Schmerz als auf der Heilung liegt, können Sie feststellen, dass Sie die schreckliche Erfahrung wiederholen. Diese negative Gedankenschleife kann den Schmerz, die Wut und andere belastende Emotionen, die nach der ersten Straftat gefühlt werden, aufrechterhalten. Um frei von Verletzungen und Negativität zu sein, müssen Sie zuerst demjenigen vergeben, der Ihnen Unrecht getan hat. Wenn Sie denen, die Ihnen nahestehen, vergeben können, können Sie mit dem Prozess der Wiederherstellung und Wiederherstellung des Vertrauens beginnen. Es hat sich gezeigt, dass Vergebung der Gesundheit, den Beziehungen und dem allgemeinen psychischen Wohlbefinden zugutekommt.

Warum es schwierig ist, zu vergeben
Vergebung ist nicht immer einfach. Manchmal scheint es unmöglich zu sein. Vergebung kann aus verschiedenen Gründen ein schwieriger Prozess sein. Es kann schwierig sein, die Wut, die Angst und den Wunsch nach Rache, die mit dem, was passiert ist, verbunden sind, loszulassen. Dies gilt insbesondere, wenn Sie ihm nicht die Zeit gegeben haben, die er zum Erfassen und Verarbeiten benötigt. Sie glauben vielleicht, jemandem zu vergeben, entbinde ihn von der Verantwortung für seine Taten. Vielleicht nehmen Sie an, dass die Vergebung die Person genauso wieder in Ihr Leben aufnimmt, wie sie es war, oder vergessen, was sie getan hat. Vielleicht glauben Sie, dass Vergebung unnötig ist, wenn die Person Ihr Leben verlassen hat, sich nicht bewusst ist, dass sie Ihnen Schaden zugefügt hat, oder nicht einmal Reue zeigt. Rachegedanken beiseitezulassen und sich auf die Vergangenheit zu konzentrieren, um im Jetzt zu leben, könnte beängstigend sein. Sie haben vielleicht Angst davor, zu vergessen oder den Anschein zu erwecken, dass

das, was passiert ist, unbedeutend war. Außerdem besteht die Gefahr, dass Sie glauben, jemandem zu vergeben bedeutet, dass Sie ihm erlauben, Sie erneut zu verletzen.

Vergebung definieren

Zu definieren, was Vergebung für Sie bedeutet, ist eine kritische Phase im Vergebungsprozess. Entscheiden Sie selbst, ob Sie jemandem um seiner selbst willen oder um Ihrer selbst willen vergibst. Bestimmen Sie, wie Ihre religiösen, familiären und persönlichen Ansichten Ihre Definition beeinflussen und ob Sie glauben, dass Sie vergessen und schmerzfrei sein müssen, um zu vergeben. Überlegen Sie, ob Sie eine Beziehung zu der Person, die Ihnen Schaden zugefügt hat, aufrechterhalten möchten und wie dies aussehen würde. Dies sind einige Punkte, die Sie berücksichtigen sollten, wenn Sie Ihr Konzept der Vergebung entwickeln. Die psychologische Definition von Vergebung ist die bewusste Entscheidung, den Wunsch nach Vergeltung loszulassen und Hass gegenüber Menschen zu hegen, die dir Schaden zugefügt haben. Es wird viel einfacher, weiterzumachen, wenn Sie eine klare Definition dessen haben, was Vergebung ist und was nicht.

Die eigenen Emotionen erkennen

Wenn Ihnen jemand Unrecht getan hat, insbesondere jemand, der Ihnen wichtig ist, können Sie eine Reihe von Emotionen erleben. Sie können Kummer, Wut, Ratlosigkeit, Verrat und verschiedene andere Gefühle erfahren. Es ist akzeptabel, jede Emotion zu fühlen, die Sie erleben. Zu akzeptieren und zuzulassen, dass deine Gefühle existieren, ist der einfachste Ansatz, um sie zu verarbeiten. Es gibt keinen Grund, über Ihre Gefühle zu urteilen; sie sind genau so, wie sie sind. Ihre Gefühle herunterzudrücken und zu versuchen, sie zu ignorieren, kann Ihre Fähigkeit behindern, sie zu verarbeiten und zu vergeben. Wenn Sie Ihre Gefühle anerkennen und verstehen können, ist es viel einfacher, den Heilungsprozess zu beginnen.

Sich selbst zuerst vergeben
Die Vergebung für andere muss immer mit der Vergebung für sich selbst beginnen. Wenn Sie Schwierigkeiten haben, jemandem zu vergeben, der Ihnen Unrecht getan hat, müssen Sie vielleicht zuerst sich selbst vergeben. Es ist denkbar, dass Sie sich selbst die Schuld dafür geben, klare Signale nicht wahrgenommen zu haben. Vielleicht waren Sie zur falschen Zeit am falschen Ort. Auch wenn Sie mit dem, was passiert ist, nichts zu tun hatten, können Sie sich dennoch mit Schuld und Scham auseinandersetzen. Sie glauben vielleicht, dass Sie aufgrund eines zugrunde liegenden Fehlers in Ihrer Person geschädigt wurden. Auch wenn es schwierig sein mag, sich selbst zu vergeben, kann es unglaublich befreiend und förderlich für Ihr geistiges Wohlbefinden sein. Selbstvergebung befähigt Sie, auch anderen zu vergeben.

Feste Grenzen schaffen
Vergebung ist nicht gleichbedeutend mit der Feststellung, dass das, was passiert ist, nicht schädlich und akzeptabel ist. Das soll nicht heißen, dass Sie vergessen müssen, was passiert ist. Wenn das, was getan oder nicht geschehen ist, nicht akzeptabel war, sollten Sie eine enge Barriere darum herum errichten, um zu verhindern, dass es noch einmal passiert. Eine Grenze existiert zu Ihrem Vorteil, nicht zum Vorteil der anderen Partei. Um effektiv zu sein, muss eine Grenze festgelegt werden und konkrete Auswirkungen haben, die Sie durchzusetzen bereit

und in der Lage sind. Indem Sie klare Grenzen setzen und sich der Konsequenzen bewusst sind, wenn Sie sie überschreiten, können Sie der anderen Person vergeben und Ihre Verbindung heilen. Auf diese Weise können Sie der Person vergeben, während Sie eine Grenze um die Quelle Ihres Schmerzes herum wahren, wodurch es weniger wahrscheinlich wird, dass er erneut auftritt.

Mitgefühl üben

Niemand ist ohne Fehler. Fehler, auch unangenehme, sind unvermeidlich. Empathie- und Mitgefühlstraining kann Ihnen dabei helfen, einen Weg zur Vergebung zu finden. Die Konzentration auf das, was passiert ist und wie schmerzhaft es war, kann die negative Erfahrung und die harten Emotionen stärken, indem es ihnen so viel Energie gibt. Indem Sie sich auf Empathie und Mitgefühl konzentrieren, können Sie beginnen, den Täter als fehlerhaften Menschen zu sehen. Das entschuldigt zwar nicht, was passiert ist, hilft aber dabei, den Fokus zu verlagern. Anstelle von Angst und Rache liegt die Betonung jetzt auf Verständnis und Freundlichkeit. Diese scheinbar unbedeutende Veränderung kann einen großen Einfluss auf Ihre Sichtweise und Ihre Fähigkeit haben, anderen zu vergeben.

Beachten

Als Akt der Selbstvergebung erlauben Sie sich, loszulassen und weiterzumachen. Infolgedessen sind Sie nicht verpflichtet, die Person, die Ihnen einen Schaden zugefügt hat, darüber zu informieren, dass Sie ihr vergeben haben. Wenn Sie möchten, können Sie sie über ihre Vergebung informieren, aber es ist sicherlich nicht unbedingt erforderlich. Gelegentlich wird es Ihnen helfen, aufzuschreiben, was passiert ist und was Sie dazu sagen möchten, um es loszulassen. Sie können einen Brief verfassen, in dem Sie detailliert beschreiben, was passiert ist und wie es Sie beeinflusst hat. Wenn Sie bereit sind, schreiben Sie auf, was Vergebung für Sie bedeutet und warum Sie sich entschieden haben, zu vergeben. Sie könnten dies der Person anbieten, wenn Sie es für notwendig halten, es für sich behalten oder es zerstören, um sich symbolisch von dem Leiden zu befreien. Wenn Sie es aufschreiben, können Sie sich auf die Vergebung konzentrieren und wissen, warum Sie sie schätzen, während Sie gleichzeitig die Erfahrung und den Prozess anerkennen.

Es ist ein Prozess
Vergebung ist ein fortschreitender Prozess. Es braucht Zeit, um vollständig zu verstehen, was passiert ist und inwieweit es Sie beeinflusst hat. Darüber hinaus ist Zeit erforderlich, um die Vergebung zu bestimmen, warum sie notwendig ist und wie man vergibt. Es ist selten ein einmaliges Ereignis. Die Entscheidung, jemandem zu vergeben, ist nur der Anfang. Sie müssen den Prozess der Vergebung durchlaufen, bevor Sie die Trauer und den Wunsch nach Rache loslassen können. Es mag einfach sein, einen Aspekt eines Vergehens zu vergeben, aber ziemlich schwierig, einen anderen zu vergeben. Vielleicht fällt es Ihnen nicht schwer, einer Person ihre Taten zu vergeben, aber es fällt Ihnen schwer, einer anderen Person dieselben Taten zu vergeben. Vergebung ist ein langwieriger, mühsamer und energieintensiver Prozess. Sie sind weder verpflichtet, den Prozess zu beschleunigen, noch sind Sie verpflichtet, ihn zu beurteilen. Wenn du zulässt, dass sich der Prozess entwickelt, kann sich das Vergeben der Person, die dich verletzt hat, vollständiger anfühlen und es leichter machen, loszulassen.

Es ist nicht immer einfach, anderen zu vergeben. Wenn Sie Schwierigkeiten haben, jemandem zu vergeben, und dies Ihr Leben beeinträchtigt, können Sie von einer individuellen Beratung profitieren. Anderen zu vergeben kann befreiend sein. Wenn Sie die Freiheit erfahren, die das Vergeben anderer mit sich bringt, können Sie mit einem Gefühl von Leichtigkeit, Glück und Frieden voranschreiten.

Es ist für Sie, nicht für die anderen: Vergeben, um sich selbst bei der Heilung zu helfen

Die Heilung emotionaler Narben ist eine Reise der Selbstfindung, die unabhängig von Ihrer Lebensphase unzählige Vorteile bringen kann. Wenn sie nicht kontrolliert werden, können Ressentiments und Selbsthass Narben hinterlassen. Vergebung ist das wirksamste Mittel gegen dieses Toxin, egal, ob es darum geht, eine andere Person um Vergebung zu bitten, jemandem zu vergeben, der Sie verletzt hat, oder sich selbst zu vergeben.

Bevor Sie sich auf diesen Heilungsweg begeben, ist es wichtig zu verstehen, dass Vergebung nicht gleichbedeutend mit einer sauberen Weste ist. „Verzeihen" und „Vergessen" funktionieren nicht zusammen. Um voranzukommen, müssen Sie die Realität dessen anerkennen, was passiert ist. Wenn Sie akzeptieren, was passiert ist, und verstehen, dass Sie die Vergangenheit nicht ändern können, gewinnen Sie den Anreiz, etwas Wertvolles für sich selbst zu tun: zu vergeben und zu heilen.

Es ist nicht immer erforderlich oder praktikabel, der Person, die Ihnen Schaden zugefügt hat, Ihre Vergebung direkt mitzuteilen. Vergebung ist ein Vorteil für Sie, nicht für sie. Um die Vergangenheit und Groll und auf Groll basierende Gedanken und Gefühle loszulassen, müssen Sie der anderen

Person zuerst vergeben. Vergebung ermöglicht es Ihnen, Reue und Groll loszulassen, die Ihre kostbare Energie verschwenden.

Vor dem Vergeben ist es notwendig, die mit der emotionalen Wunde verbundenen Emotionen vollständig zu erfahren und auszudrücken – zum Beispiel Wut, Trauer, Scham und Angst. Gelegentlich kann es Ihnen helfen, negative Emotionen loszulassen, indem Sie einen Brief schreiben, indem Sie Ihre Gefühle ausdrücken. Sie müssen den Brief nicht per Post schicken. Es kann sich besser anfühlen, ihn zu verbrennen.

Sich selbst zu vergeben, kann schwieriger sein als einem anderen zu vergeben. Es bedeutet, zu akzeptieren, was Sie getan haben, und den Schaden, den Sie sich selbst oder anderen zugefügt haben. Die Verantwortung für Ihre Fehler zu übernehmen, ist der erste Schritt zu echter Vergebung. Wenn Sie damals gewusst hätten, was Sie heute wissen, wäre es anders gekommen.

Wie das Sprichwort sagt, im Nachhinein ist 20/20, was sicherlich stimmt. Im Nachhinein werden Situationen und die notwendigen Reaktionen immer deutlicher. Akzeptieren und das Beste aus Ihrer aktuellen Position zu machen, sind Ihre einzigen Optionen. Achtsamkeit kann hilfreich sein, um Ihnen dabei zu helfen, festzustellen, warum Sie das getan haben, was Sie getan haben. Darüber hinaus kann Dankbarkeit von Vorteil sein, da sie Sie in die Lage versetzt, sich zu ändern. Sühne für die Person, der Sie Schaden zugefügt haben, oder ihr symbolisches Äquivalent, ist eine äußerst effektive Methode, um Fortschritte in Richtung Selbstvergebung zu erzielen.

Wenn Sie eine realistische Perspektive auf die Fehler und Mängel der Menschen bewahren, fühlt es sich vielleicht natürlicher an, sich selbst und anderen zu vergeben. Einzelpersonen machen Fehler. Wir handeln nach unseren eigenen Erfahrungen und Weltanschauungen. Jeder von uns ist ein Durcheinander von Emotionen und Genetik.

Wenn Sie eine realistische Perspektive auf die Fehler und Mängel der Menschen bewahren, fühlt es sich vielleicht natürlicher an, sich selbst und anderen zu vergeben. Einzelpersonen machen Fehler. Wir handeln nach unseren eigenen Erfahrungen und Weltanschauungen. Jeder von uns ist ein Durcheinander von Emotionen und Genetik.

Berücksichtigen Sie ihre Lebenserfahrungen, wenn Sie entscheiden, ob Sie jemandem vergeben möchten. Es gibt keine Rechtfertigung für das, was sie hier getan haben. Je mehr Informationen Sie jedoch über die Faktoren haben, die die Entscheidungen und Handlungen einer Person Ihnen gegenüber beeinflusst haben, desto deutlicher können Sie die grundlegende Unvollkommenheit der menschlichen Natur erkennen.

Angenommen, Ihr Vater hat Ihre Familie verlassen, als Sie noch ein Kind waren, und Sie haben kürzlich einen Brief von ihm erhalten, in dem er um Vergebung bittet. Würde das Wissen um die Kräfte, die seine Handlungen motivierten – die Verlassenheit seines Vaters, seine Jugend, als er Sie hatte, sein Alkoholismus – seine Handlungen entschuldigen? Nein, aber es kann Ihnen helfen, seine Menschlichkeit zu erkennen und ihm zu vergeben. Mitgefühl und Grenzen schließen sich dagegen nicht aus. Sie haben die Möglichkeit zu sagen „Ich vergebe dir" oder „Ich will dich nicht in meinem Leben haben".

Um sich selbst und anderen zu vergeben, versuchen Sie, Ihre Sicht auf die menschliche Natur zu mildern, und erkennen Sie an, dass Menschen unvollkommen sind. Denken Sie jedoch daran, dass Menschen, die es besser wissen, im Allgemeinen besser abschneiden. Der Prozess der Selbstfindung, der zur Heilung führt, erfordert viel Lernen, es besser zu wissen.

Sich zu erlauben, Ressentiments und Reue loszulassen – mit anderen Worten, Vergebung zu üben – erfordert, dass Sie aus Ihren emotionalen Narben lernen und einen Sinn daraus ziehen. Sie können ihn überwinden, indem Sie Ihrem Schmerz einen Sinn geben und lernen, was er Sie lehren muss. Sie können sich dadurch verbessern, dass Sie es aushalten, aber zuerst müssen Sie es aushalten. Um zu heilen und gestärkt daraus hervorzugehen, müssen Sie akzeptieren, erfahren, verarbeiten und loslassen. Wenn Sie aus dem Sturm herauskommen, werden Sie nicht dieselbe Person sein, die Sie waren, als Sie eingetreten sind. Das ist der Zweck dieses Sturms.

Heilen und weitermachen:
Die geheime Kraft der Vergebung

Laut Forschern, die den Prozess der Vergebung untersuchen, tragen fünf Faktoren zu unserer Fähigkeit bei, jemandem zu vergeben, der uns verletzt hat. Sie schreiben folgende Schritte vor:

1. Legen Sie eine Definition für Vergebung fest

Definieren Sie zunächst, was Vergebung ist und was nicht. Vergebung ist ein Prozess, in dem wir unsere Bitterkeit und unseren Zorn gegenüber demjenigen aufgeben, der uns Unrecht getan hat, und positive Wertschätzung für den Täter fördern, wie z. B. Fürsorge, Mitgefühl oder Sympathie. Bitte denken Sie daran, dass Vergebung keine Versöhnung bedeutet. Manchmal ist es wichtig zu vergeben und gleichzeitig eine

Beziehung zu beenden. Das Tolerieren, Aushalten oder Übersehen schädlicher Handlungen stellt keine Vergebung dar.

2. Erinnern Sie sich an die Agonie
Vergebung bedeutet nicht, dass wir den Schmerz beiseiteschieben. Um von Schmerz zu heilen, müssen wir zuerst das volle Ausmaß unserer Wunden anerkennen. So weit, so gut – das kann ich – aber was folgt, sticht.

3. Entwickeln Sie Empathie und ein Bewusstsein für unsere Grenzüberschreitungen
Das Nachdenken und der Versuch, denjenigen zu verstehen, der uns Schaden zugefügt hat, bringt uns auf dem Weg der Vergebung voran. Sich an unsere weniger als idealen Zeiten zu erinnern, z. B. wenn wir etwas Böses zu jemand anderem gesagt oder getan haben, ist eine einfache Möglichkeit, dies zu tun. Das Erkennen meiner Mängel befähigt mich, mit denen zu sympathisieren, die mich gekränkt haben.

4. Verpflichte dich zur Vergebung
Sich der Vergebung zu verpflichten, beinhaltet eine bewusste Entscheidung, in die Richtung des Mitgefühls zu gehen. Dies kann die Entscheidung beinhalten, zu vergeben, nachdem ich die Vor- und Nachteile des Festhaltens an der Verletzung abgewogen habe, einen Vertrag oder eine Erklärung erstellen, in der meine Absicht zum Ausdruck kommt, zu vergeben, oder einen Brief an den Täter schreiben (der gesendet werden kann oder nicht).

Die Forschung zeigt, dass es therapeutisch ist, über den Wunsch nachzudenken, jemandem zu vergeben, der uns Schaden zugefügt hat. Vergebung wirkt sich auf andere

Elemente unseres Lebens aus, wie z. B. die Verringerung von Trauer, Angst und arbeitsbedingtem Stress. *Wenn wir uns auf Vergebung konzentrieren, beginnen auch andere Themen zu verblassen.*

5. Ein unversöhnliches Herz überwinden
Schließlich erfordert die Lösung von Unversöhnlichkeit zwei einzigartige Ziele:

i. Wut und Groll gegenüber dem Täter loslassen; und
ii Gefühl und Verhalten mit Mitgefühl für den Täter. Während Ziel eins herausfordernd sein mag, mag Ziel zwei manchmal unmöglich erscheinen.

Für Ihre Bequemlichkeit habe ich einige Hinweise für Sie zusammengestellt. Der erste Schritt besteht darin, Strategien zu identifizieren, die in der Vergangenheit für Sie funktioniert haben, und sie an Ihre aktuellen Umstände anzupassen. Erstellen Sie eine Liste, inwiefern das Festhalten am Schmerz Ihnen schadet und nicht dem Übeltäter. Bitte machen Sie eine Liste der Hürden, die Ihnen beim Vergeben begegnen, und entwickeln Sie dann Lösungen, um sie zu überwinden. Suchen Sie nach Beispielen für Vergebung und finden Sie heraus, wie andere diese Fähigkeit erworben haben. Und was vielleicht am wichtigsten ist, bedenken Sie die positiven Auswirkungen, die dieser Schmerz auf Ihr Leben gehabt haben könnte, und nicht die offensichtlicheren negativen Folgen.

WIE MAN SCHULD BESEITIGT

Was ist der Schuldbegriff?

Schuld ist ein emotionales Unbehagen, das auftritt, wenn Sie glauben, dass Sie für etwas verantwortlich sind, das einen anderen beleidigt oder verletzt hat.

Schuld kann gerechtfertigt sein – vielleicht haben Sie einen Fehler gemacht und bereuen Ihre Worte oder Taten, was zu Schuldgefühlen führt. Es gibt jedoch Situationen, in denen Schuld ungerechtfertigt ist – vielleicht haben Sie sich für etwas schuldig gemacht, das Sie nicht getan haben, oder für etwas, das Sie nicht wirklich schlecht gemacht haben.

Symptome und Anzeichen für ein Leben mit Schuldgefühlen

Depression, geringes Selbstwertgefühl, Selbstverletzung und angespannte Beziehungen sind nur einige der wahrscheinlichen Folgen anhaltender Schuldgefühle. Das Erkennen schuldiger Gedanken und das Hinarbeiten auf Selbstvergebung ist entscheidend für die Erhaltung einer hervorragenden psychischen Gesundheit.

Zu den schuldbezogenen Symptomen können Gefühle der Unwürdigkeit gehören, von der Vergangenheit gelähmt sein, ungelöste Schwierigkeiten haben, darum kämpfen, sich selbst zu vergeben, sich defensiv und distanziert verhalten und Angst vor einem erneuten Versuch haben. Es ist wichtig, frühere Fehler loszulassen, um ein erfülltes Leben zu führen.

Sich erlauben zu gehen und sich selbst zu vergeben
Der erste Schritt ist ein Realitätscheck. Ein entscheidender erster Schritt zur Selbstvergebung ist die Überprüfung der Realität. Schuld hat das Potenzial, Ihr Bild von sich selbst, Ihren Umständen und Ihrer Perspektive auf andere zu verändern. Bevor Sie frei von Schuld sein können, müssen Sie zuerst die Gültigkeit Ihrer Schuld feststellen. Waren Sie wirklich schuld an dem, was passiert ist? Ist es vernünftig, dass Sie so über die Situation denken? Diese Art von Fragen helfen Ihnen dabei, festzustellen, ob es für Sie sinnvoll ist, sich schuldig zu fühlen oder nicht.

So verzeihen Sie sich Fehler:
Vergebung erfordert Selbstreflexion und die Entschlossenheit, sich zu verbessern, nachdem Sie jemanden verletzt oder ihm Unrecht getan haben.

- Erkennen Sie an und geben Sie sich selbst zu, was Sie falsch gemacht haben.
- Erkennen Sie Ihre Reue und wünschen Sie, Sie hätten anders gehandelt.
- Denken Sie darüber nach, warum Sie den Fehler gemacht haben. Waren Sie zum Beispiel erschöpft, eifersüchtig, verzweifelt oder wütend?
- Denken Sie darüber nach, wie Sie sich gewünscht hätten, die Situation anders gehandhabt zu haben, und nehmen

Sie sich vor, in Zukunft in solchen Situationen anders zu reagieren.

- Versuchen Sie, sich bei denen zu entschuldigen, denen Sie Unrecht getan haben. Dies ist nicht immer möglich, wenn sie sich weigern zu kooperieren – Sie können nur Ihren Teil dazu beitragen. Übernehmen Sie die Verantwortung und tuen Sie, was vernünftig ist, um es wieder gut zu machen, indem Sie sich ehrlich entschuldigen, ohne sich zu verteidigen.

- Sich mit sich selbst abfinden. Die Entscheidung, auf unbestimmte Zeit an Ihrer Schuld festzuhalten, wird nur dazu dienen, eine ohnehin schwierige Situation zu verschlimmern. Betrachten Sie den Fehler lange genug, um daraus zu lernen, aber machen Sie dann weiter.

Wie man Schuldgefühle überwindet, wenn man nichts falsch gemacht hat:

Wenn Sie feststellen, dass Ihre Schuld unbegründet ist, versuchen Sie bewusst und proaktiv, sich davon freizusprechen.

- Vermeiden Sie es, die Schuld anderer auf sich zu nehmen. Das erlaubt den anderen, weiterhin Fehler zu machen und verursacht Ihnen unnötige Schmerzen.

- Möglicherweise müssen Sie Ihre Konfliktlösungsfähigkeiten stärken, um zu vermeiden, dass Sie Schuldgefühle verinnerlichen, die nicht Ihre eigenen sind. Bemühen Sie sich, bei Streitigkeiten durchsetzungsfähiger zu sein, setzen Sie sich für sich selbst ein und vermeiden Sie es, sich zu entschuldigen, wenn Sie den Konflikt nicht lösen müssen.

- Lassen Sie Ihre Scham und Selbstvorwürfe los. Sie sind nicht für die Schuld verantwortlich, also erinneren Sie sich immer wieder daran, dass Sie nichts dagegen tun können, außer loszulassen.

Schuld ist eine erhebliche Belastung. Vermeiden Sie es, sich davon runterziehen zu lassen. Zweifellos haben Sie Ihr ganzes Leben lang einige Fehler gemacht. Die meisten Menschen haben das, denn Fehler sind ein natürlicher Teil der menschlichen Entwicklung. Nichtsdestotrotz können die Schuldgefühle, die sich einschleichen und in Ihrem Geist Fuß fassen, erhebliche geistige und körperliche Belastungen verursachen.

Vielleicht kennen Sie Schuld am ehesten als die schreckliche Verdrehung Ihres Magens, die auftritt, wenn Sie feststellen, dass Sie einer anderen Person Schaden zugefügt haben. Vielleicht kämpfen auch Sie mit häufiger Selbstkritik und Selbstverurteilung über Ihre Erinnerungen an das, was passiert ist, und Ihre Angst, dass andere es entdecken könnten.

Schuld ist ein starkes Gefühl.
Schuldgefühle zwingen Sie dazu, Verantwortung für Ihr Handeln zu übernehmen und steigern Ihre Motivation, Ihr Verhalten zu ändern. Darüber hinaus kann es dazu führen, dass Sie davon besessen sind, was Sie hätten anders machen können.

Wenn Sie sich noch nie wohl dabei gefühlt haben, einen Fehler zuzugeben, ist Ihre Scham vielleicht bis zu einem fast unerträglichen Grad übertrieben.

Während Schuldgefühle gelegentlich positive Fortschritte fördern können, können sie auch bestehen bleiben und Sie zurückhalten – selbst nachdem andere vergessen oder vergeben haben, was passiert ist.

Kämpfen Sie mit dem Gewicht Ihrer Schuld? Diese sieben Tipps können Ihnen dabei helfen, Ihre Belastung zu verringern.

Identifizieren Sie Ihre Schuld
Zu diesem Zeitpunkt mag es eine nützliche Technik sein, Ihre Schuld abzutun oder zu versuchen, sie wegzuschieben. Sie können sich vorstellen, dass es allmählich abnimmt und verschwindet, wenn Sie sich keine Sorgen darüber machen. Richtig?

Nicht wirklich.
Wie bei anderen Emotionen können sich ungelöste Schuldgefühle mit der Zeit aufbauen und verstärken, wodurch Sie sich schlechter fühlen.

Wenn Sie sich weigern, Ihre Schuld zu akzeptieren, kann dies verhindern, dass sie in Ihr tägliches Leben übergreift, aber Ihre Gefühle zu verbergen, ist selten eine nachhaltige Lösung. Um wirklich mit Schuld umzugehen, müssen Sie diese Gefühle zuerst anerkennen, egal, wie schrecklich sie sind.

Betrachten Sie die folgende Übung:
- Planen Sie Zeit für sich allein ein.
- Bringen Sie ein Tagebuch mit, damit Sie Ihre Ideen aufschreiben können.
- Erklären Sie, was mit Ihnen passiert ist, oder schreiben Sie es auf: „Ich fühle mich schlecht, weil ich meine Kinder angeschrien habe", „Ich habe eine Verpflichtung verletzt", „Ich habe eine Prüfung abgelegt, bei der ich geschummelt habe."
- Laden Sie Schuldgefühle, Frustration, Bedauern und Wut sowie alle anderen Gefühle, die auftauchen könnten, mental ein. Es kann hilfreich sein, Ihre Gefühle aufzuschreiben.

- Beurteilen Sie Ihre Gefühle nicht, sondern erlauben Sie sich, im Moment zu sein und mit ihnen präsent zu sein. Viele Umstände sind komplizierter, als sie auf den ersten Blick scheinen, und das Entwirren des Knotens der Angst kann Ihnen helfen, ein tieferes Verständnis dafür zu erlangen, wie Sie sich wirklich fühlen.

Tägliche Achtsamkeitsmeditation und Tagebuchführung können helfen, wenn Sie Schwierigkeiten haben, Schuldgefühle zu akzeptieren. Diese Aktivitäten können Ihnen helfen, Ihre Emotionen besser zu verstehen und es einfacher machen, selbst die belastendsten zu akzeptieren und durchzugehen.

Untersuchen Sie die Quelle

Bevor Sie erfolgreich mit der Schuld umgehen, müssen Sie zuerst verstehen, wo sie ihren Ursprung hat.

Während es natürlich ist, sich schuldig zu fühlen, wenn Sie etwas falsch gemacht haben, können sich Schuldgefühle auch als Reaktion auf Situationen entwickeln, über die Sie wenig oder gar keine Kontrolle hatten.

Die Verantwortung für Fehler zu übernehmen ist entscheidend, auch wenn Sie sie sich einfach eingestehen. Es ist auch wichtig zu erkennen, wann Sie sich unnötigerweise für Ereignisse verantwortlich machen, die sich Ihrer Kontrolle entziehen.

Einzelpersonen leiden häufig unter Schuldgefühlen für Handlungen, für die sie nicht zur Rechenschaft gezogen werden können. Zum Beispiel fühlen Sie sich vielleicht schuldig, weil Sie eine Beziehung mit jemandem beenden, der Ihnen trotzdem weiterhin wichtig ist, oder weil Sie eine erfolgreiche Karriere haben, während Ihr bester Freund Schwierigkeiten hat, Arbeit zu finden.

Schuldgefühle können auch aus der Vorstellung entstehen, dass Sie Ihre eigenen oder die Erwartungen anderer nicht erfüllt haben. Natürlich spiegelt diese Scham nicht die Mühe wider, die Sie aufgewendet haben, um die Hindernisse zu überwinden, die sich Ihnen in den Weg stellen.

Einige häufige Schuldquellen sind die folgenden:
- Widrigkeiten oder Katastrophen überwinden
- Inkompatibilität zwischen Ihren Grundsätzen und den von Ihnen getroffenen Entscheidungen
- Ängste um die geistige oder körperliche Gesundheit
- Gefühle oder Impulse, von denen Sie glauben, dass Sie sie unterlassen sollten
- Sich um Ihre persönlichen Bedürfnisse kümmern, wenn Sie glauben, dass Sie sich auf andere konzentrieren sollten

Jemand anderes fügt Ihnen ständig Schuldgefühle zu? So gehen Sie mit Schuldgefühlen um.

Erkennen Sie Ihre Fehler und korrigiere diese
Eine aufrichtige Entschuldigung kann Ihnen bei der Lösung von Problemen helfen, die sich aus Fehlverhalten ergeben. Indem Sie sich entschuldigen, zeigen Sie der Person, die Sie verletzt haben, Ihr Bedauern und Ihre Reue und informieren sie über Ihre Pläne, um zu verhindern, dass sich der Fehler in Zukunft wiederholt.

Möglicherweise erhalten Sie nicht sofort – oder überhaupt – Vergebung, da Entschuldigungen nicht immer verlorenes Vertrauen wiederherstellen.

Auf der anderen Seite hilft es bei der Heilung, da es Ihnen ermöglicht, Ihre Gefühle zu kommunizieren und sich nach einem Fehler zur Rechenschaft zu ziehen.

Um eine erfolgreiche Entschuldigung abzugeben, sollten Sie Folgendes tun:
- wissen Sie Ihren Beitrag zu schätzen
- Reue zeigen
- Verzichten Sie auf Ausreden
- um Vergebung bitten

Fahren Sie fort, indem Sie Ihr Verhalten bedauern.

Selbst die aufrichtigste Entschuldigung ist sinnlos, wenn Sie Ihr Verhalten in Zukunft nie ändern werden.

Sich zu entschuldigen bedeutet, sich zu Veränderungen zu verpflichten.
Vielleicht fühlen Sie sich schuldig, weil Sie nicht genug Zeit mit Ihrer Familie verbracht haben oder nicht eingegriffen haben, wenn sie Hilfe benötigen. Nach Ihrer Entschuldigung könnten Sie Ihre Absicht zur Verbesserung zum Ausdruck bringen, indem Sie fragen: „Wie kann ich helfen?" oder „Wie kann ich für dich da sein?".

Möglicherweise können Sie Ihr Bedauern nicht immer direkt ausdrücken. Wenn Sie die Person, die Ihnen Schaden zugefügt hat, nicht kontaktieren können, sollten Sie stattdessen einen Brief schreiben. Selbst wenn Sie diesen Brief nie abschicken, könnte es Ihnen helfen, eine Entschuldigung zu Papier zu bringen.

Vielleicht schulden Sie sich auch selbst eine Entschuldigung. Anstatt sich zu schämen und sich für einen ehrlichen Fehler zu bestrafen, sollten Sie daran denken, dass niemand jedes Mal alles perfekt macht.

Um sich zu entschuldigen, beschließen Sie, in Zukunft Selbstliebe zu üben, anstatt sich selbst zu beschuldigen.

Aus der Vergangenheit lernen

Sie können nicht jede Situation reparieren, und einige Fehler können dazu führen, dass Sie eine wertvolle Verbindung oder einen engen Freund verlieren. Vermischt mit Traurigkeit über jemanden oder etwas, das Sie verloren haben, kann sich Schuld oft undurchdringlich anfühlen.

Die Akzeptanz der Vergangenheit ist notwendig, bevor Sie weitermachen können. Über die Vergangenheit nachzudenken und über Ihre Erinnerungen zu meditieren, wird das, was passiert ist, nicht ändern.

Sie können Ereignisse nicht umschreiben, indem Sie Erfahrungen mit alternativen Ergebnissen wiedererleben, aber Sie können immer berücksichtigen, was Sie gelernt haben:

- Wie ist der Fehler aufgetreten? Untersuchen Sie die Ereignisse, die Ihre Aktion ausgelöst haben, und alle Emotionen, die Sie über die Grenze gebracht haben.
- Was würdesn Sie ändern, wenn Sie in der Zeit zurückreisen könnten?
- Wie hat Ihr Verhalten etwas über Sie verraten? Weisen sie auf bestimmte Verhaltensweisen hin, die Sie verbessern möchten?

Üben Sie sich mehr als sonst in Dankbarkeit, um sich weniger schuldig zu fühlen. Suchen Sie sich Hilfe, wenn

Sie mit Schwierigkeiten, psychischen Schmerzen oder gesundheitlichen Bedenken konfrontiert werden. Denken Sie daran, dass Menschen Beziehungen zueinander aufbauen, um eine unterstützende Gemeinschaft zu schaffen.

Betrachten Sie die Situation in der entgegengesetzten Richtung. Sie möchten mit ziemlicher Sicherheit für Ihre Lieben da sein, wenn sie Hilfe oder emotionale Unterstützung benötigen. Es ist auch unwahrscheinlich, dass Kinder sich wegen ihrer Schwierigkeiten schlecht fühlen.

Es ist nichts falsch daran, um Hilfe zu bitten. Das Leben ist nicht dazu bestimmt, allein bewältigt zu werden.
Anstatt sich in schwierigen Zeiten schuldig zu fühlen, kultiviere Dankbarkeit, indem Sie:

- Dankbarkeit gegenüber geliebten Menschen für ihr Mitgefühl auszudrücken
- Ihre Dankbarkeit deutlich auszudrücken
- Dankbarkeit für alle Möglichkeiten auszudrücken, die sich aus ihrer Hilfe ergeben
- sich verpflichten, diese Hilfe zurückzugeben, sobald Sie wieder Fuß gefasst haben

Ersetzen Sie Selbstmitgefühl durch kritische Selbstgespräche.
Einen Fehler zu machen, macht Sie nicht automatisch zu einer schrecklichen Person; jeder macht mal Fehler.

Schuldgefühle können ziemlich scharfe Selbstkritik hervorrufen, aber sich selbst darüber zu belehren, wie man es vermasselt hat, wird die Dinge nicht besser machen. Während Sie möglicherweise auf einige äußere Strafen stoßen, fordert die Selbstbestrafung häufig den größten emotionalen Tribut.

Anstatt sich selbst zu verurteilen, überlegen Sie, was Sie einem Freund in einer ähnlichen Lage sagen würden. Vielleicht würden Sie ihre guten Qualitäten hervorheben, sie an ihre Stärken erinnern und Ihre Wertschätzung für sie ausdrücken.

Sie verdienen die gleiche Berücksichtigung. Sowohl das Leben eines Menschen als auch die Umstände, in denen er sich befindet, sind kompliziert. Sie können für Ihren Fehler verantwortlich sein, aber auch die anderen.

Sich an Ihren Wert zu erinnern, kann Ihr Selbstvertrauen stärken und Ihnen erlauben, klarer zu denken und sich nicht von emotionalem Elend täuschen zu lassen.

Denken Sie daran, dass Reue zu Ihren Gunsten wirken kann. Schuldgefühle können als Warnsystem fungieren und Sie warnen, wenn Sie eine Entscheidung getroffen haben, die Ihren Vorstellungen widerspricht. Anstatt sich davon überwältigen zu lassen, ziehen Sie es in Betracht, es zum Laufen zu bringen.

Wenn sie effektiv behandelt werden, können Schuldgefühle Licht auf Bereiche von Ihnen werfen, mit denen Sie unzufrieden sind.

Vielleicht haben Sie mit Ehrlichkeit gekämpft und sind bei einer Lüge erwischt worden. Vielleicht möchten Sie mehr Zeit mit Ihrer Familie verbringen, aber es kommt immer etwas dazwischen.

Wenn Sie Maßnahmen ergreifen, um diese Situationen zu lösen, können Sie Ihren Zielen näherkommen.

Wenn Sie sich schlecht fühlen, weil Sie nicht genug Zeit mit Freunden verbringen, sollten Sie sich vielleicht mehr bemühen, eine Verbindung herzustellen. Wenn Stress dazu führt, dass Sie den Fokus auf Ihre Beziehung verlieren, können Sie davon profitieren, wenn Sie Ihrem Partner eine Nacht pro Woche widmen.

Es ist auch wichtig, zur Kenntnis zu nehmen, was Schuld über Sie zu sagen hat.

Bedauern, eine andere Person verletzt zu haben, zeigt, dass Sie Empathie besitzen und es nicht böse gemeint haben. Um Veränderungen in Ihrem Leben zu bewirken, kann es daher erforderlich sein, sich auf Strategien zu konzentrieren, um zu vermeiden, dass dieser Fehler wiederholt wird.

Wenn Sie sich häufig wegen Dingen schuldig fühlen, über die Sie keine Kontrolle haben, kann es gut sein, mit einem Fachmann zusammenzuarbeiten, um die Ursache Ihrer Schuld zu ermitteln.

Vergeben Sie sich selbst

Selbstvergebung ist entscheidend für die Entwicklung von Selbstmitgefühl. Wenn Sie sich selbst vergeben, akzeptieren Sie, wie alle anderen Menschen, dass Sie einen Fehler gemacht haben. Dann können Sie nach vorne schauen, ohne sich von diesem Fehler definieren zu lassen. Indem Sie Ihr unvollkommenes Selbst akzeptieren, zeigen Sie sich selbst Liebe und Freundlichkeit.

Selbstvergebung beinhaltet vier entscheidende Schritte:

1. Übernehmen Sie die Verantwortung für Ihre Handlungen.
2. Bedauern und Reue ausdrücken, ohne dass sich das in Demütigung verwandeln.
3. Verpflichten Sie sich, für jeden Schaden, den Sie verursacht haben, Sühne zu leisten.

4. Entwickeln Sie Selbstakzeptanz und Vertrauen in Ihre Fähigkeit, sich in Zukunft zu verbessern.

Beraten Sie sich mit Menschen, denen Sie vertrauen. Einzelpersonen haben häufig Schwierigkeiten, über Schuld zu sprechen, was normal ist. Schließlich ist es nicht einfach, über einen bedauerlichen Fehler zu sprechen. Das bedeutet, dass Schuldgefühle dazu führen können, dass Sie sich zurückziehen, und Einsamkeit und Isolation den Heilungsprozess behindern können.

Obwohl es verständlich ist, sich Sorgen darüber zu machen, wie die Menschen auf das Geschehene reagieren werden, ist eine negative Reaktion nicht immer der Fall. In der Tat werden Sie vielleicht feststellen, dass Familie und Freunde Sie erheblich unterstützen.

Im Allgemeinen zeigen Ihnen diejenigen, die sich um Sie kümmern, Freundlichkeit und Mitgefühl. Darüber hinaus lindert das Kommunizieren unangenehmer oder schmerzhafter Emotionen häufig Spannungen.

Darüber hinaus können Ihnen Freunde und Verwandte helfen, sich weniger allein zu fühlen, indem sie ihre eigenen Erfahrungen teilen. Fast jeder hat etwas getan, das er bereut, und daher verstehen die meisten Menschen, wie es ist, sich schuldig zu fühlen.

Der Blick von außen kann auch sehr vorteilhaft sein, besonders wenn Sie Überlebensschuld oder Schuldgefühle für etwas erleben, über das Sie keine Kontrolle hatten.

Konsultieren Sie einen Therapeuten
Schwere oder anhaltende Schuldgefühle sind nicht immer leicht zu überwinden. Bestimmte Personen haben Schwierigkeiten,

Schuldgefühle zu verarbeiten, die mit Folgendem verbunden sind:

• intrusive Gedanken
• Depressionen
• Psychischer Stress oder Missbrauch macht es schwer über Schuldgefühle zu sprechen, wenn Sie Angst haben, verurteilt zu werden. Das Vermeiden dieser Gefühle verschlimmert andererseits häufig den Zustand.

Schuldgefühle können sich nachteilig auf Beziehungen auswirken und den Alltag stressen. Darüber hinaus kann es zu Schlafstörungen und psychischen Problemen beitragen. Alternativ kann es zu Bewältigungsmechanismen wie Drogenmissbrauch führen.

Wenn eine Unterströmung von Trauer, Grübeln und Bedauern Ihre täglichen Interaktionen durchdringt und Sie daran hindert, mit sich selbst und anderen präsent zu bleiben, kann die Suche nach professioneller Hilfe ein kluger nächster Schritt sein.

Ein Therapeut kann Sie unterstützen, indem er Ihnen dabei hilft, die Ursachen Ihrer Schuld zu identifizieren und anzugehen, geeignete Bewältigungstechniken zu entwickeln und Ihr Selbstmitgefühl zu stärken.

Schuld gehört der Vergangenheit an. Sie können mit dem Loslassen beginnen, indem Sie Ihre Belastbarkeit verbessern und das notwendige Selbstvertrauen entwickeln, um bessere zukünftige Entscheidungen zu treffen.

Wenn Sie darum kämpfen, Ihre Schuld zu überwinden, sein Sie sich bewusst, dass Sie nicht allein sind. Eine Therapie kann eine sichere Umgebung bieten, um sich selbst zu vergeben und voranzukommen.

Sich selbst vergeben: Scham und Bedauern aus der Vergangenheit loslassen

Erlauben Sie sich Vergebung. Lassen Sie es passieren. Ignorieren Sie es. Weiter gehen, vorwärts gehen. Es ist einfach gesagt, aber so viel schwieriger zu tun! Wir alle machen gelegentlich Fehler, ob es darum geht, einen Kumpel anzugreifen, selbstzerstörerisches Verhalten zu zeigen oder bei der Arbeit Kosten zu sparen. Und häufig werden diese Fehler von intensiven Schamgefühlen begleitet. Schande. Selbstverurteilung. Erniedrigung.

Berater und Lebensberater haben herausgefunden, dass diese Emotionen, wenn sie nicht angesprochen werden, zu Stress, Traurigkeit, Angststörungen und sogar Herzerkrankungen führen können. Nicht gerade das Rezept für Glück! Glücklicherweise können Sie diese schädlichen Folgen vermeiden und ein besseres Leben führen, indem Sie lernen, sich selbst zu vergeben und die Schuld loszulassen.

Wie ist Vergebung definiert? Warum ist es so kritisch?

Vergebung ist eine bewusste Entscheidung, um unangenehme Emotionen gegenüber sich selbst oder einer anderen Person freizusetzen. Vor der Vergebung können Sie die folgenden unangenehmen Gefühle erleben: Schuld, Scham, Selbstverurteilung, Demütigung sowie Groll oder Bitterkeit.

Die Vergebung von Fehlern oder Fehlverhalten ist entscheidend für Ihr Wohlbefinden. Laut Dr. Frederic Luskin von der *Stanford University* „hilft das Verzeihen lernen den Menschen, weniger Schmerz, weniger Wut, weniger

Stress und weniger Traurigkeit zu erfahren." Menschen, die die Fähigkeit entwickeln, zu vergeben, berichten von viel weniger stressbedingten Symptomen wie Rückenschmerzen und Muskelverspannungen, Schwindel, Migräne und Magenverstimmung. Darüber hinaus berichten Einzelpersonen von einer Steigerung des Appetits, des Schlafverhaltens, der Vitalität und des allgemeinen Wohlbefindens."

Wenn Sie sich und anderen erlauben zu vergeben, können Sie Negativität loslassen und sich auf eine optimistischere Zukunft konzentrieren. Darüber hinaus hilft es Ihnen, die Bindungen zu Menschen zu stärken, die Ihnen am nächsten stehen.

Warum ist Selbstvergebung so schwer zu erreichen?

Zu oft bestrafen wir uns selbst für frühere Fehler, als ob wir uns für unsere Übertretungen „verurteilen" könnten. Im Laufe des Tages haben wir das Gefühl, dass wir zu kurz kommen. Wir bezeichnen uns selbst als Verlierer und untauglich. Wir sind an unsere Vergangenheit gebunden, klammern uns an unsere Traumata und unseren Groll. Und während sich niemand sonst unserer privaten Qual bewusst ist, schwächen die negativen Gefühle, die wir erleben, unsere Freude und Zufriedenheit im Leben.

Laut Beratern und Lebensberatern sind Sie selbst die Person, denen Sie am schwierigsten vergeben können. Nicht derjenige, der Sie verraten hat. Oder der abwesende Vater. Oder sogar der Ex-Liebhaber, der Ihr Herz in Stücke gerissen hat.

Aber wieso ist das? Weil Sie sich Ihrer selbst bewusst sind und täglich mit sich selbst interagieren. Bedenken Sie das.

Wie man Vergebung annimmt: Vier Tipps für diejenigen, die in vergangenen Fehlern feststecken

1. Sprechen Sie darüber.

Schweigen kann tödlich sein, wenn es um die Vergangenheit geht. Hören Sie deshalb mit dem Fälschen auf. Befreien Sie sich von den Fesseln, alles im Inneren zu halten, und sprechen Sie darüber, was Sie innerlich zerreißt. Teilen Sie Ihre Gefühle einem Berater, Mentor oder vertrauenswürdigen Freund mit. Vergebung beginnt damit, offen und transparent über sein wahres Selbst zu sein ... sowohl gut als auch schrecklich. Sagen Sie deshalb, was gesagt werden muss.

2. Sein Sie ehrlich zu sich selbst.

Wir glauben häufig: „Wenn ich einfach so tue, als wäre es nie passiert, wird alles verschwinden." Das scheint angenehm zu sein ... aber das ist nicht wahr. Entscheiden Sie sich dafür, aus der Verleugnung herauszukommen und eine proaktive Haltung einzunehmen. Sagen Sie offen, wie Sie sich geirrt haben und welche Auswirkungen Ihre Handlungen haben. Erstellen Sie einen Tagebucheintrag, in dem die genauen Verhaltensweisen und Aktivitäten aufgeführt sind, die Sie belasten.

3. Akzeptieren Sie es so, wie es ist.

Sie werden als unvollkommener Mensch Fehler im Leben machen. Akzeptieren Sie das. Manchmal verletzen Sie andere. Sie werden es bereuen. Es ist eine natürliche Folge des Lebens in einer alles andere als idealen Welt. Sie haben jedoch eine Option.

Entweder Sie umarmen Ihre Vergangenheit und spüren die Freiheit, weiterzumachen und die Gegenwart zu genießen, oder Sie akzeptieren sie so wie sie ist und erfahren die Freiheit, weiterzumachen und das Jetzt zu genießen. Sich selbst zu akzeptieren ist entscheidend für das emotionale Wohlbefinden, also verpassen Sie es nicht!

4. Loslassen.

Unterlassen Sie Schuldgefühle. Sie müssen Ihre früheren Handlungen nicht rechtfertigen oder für sich selbst argumentieren. Sich erlauben, die Vergangenheit loszulassen, bedeutet, sie zu begraben und das Recht auf Selbstverurteilung aufzugeben. Vergebung zu geben ist eine Entscheidung, aber es ist auch eine Reise. Es ist die Entscheidung, aufzuhören, sich selbst zu hassen oder zu beschämen, und sich stattdessen als wertvollen Menschen zu sehen.

Eine der ersten Stufen zum Loslassen ist, es einfach auszudrücken. Bitte zögern Sie nicht, den Kommentarbereich unten zu verwenden, um etwas loszulassen oder sich für etwas zu entschuldigen, das Ihnen seit Jahren auf der Brust lastet.

Sie können einen Alias verwenden (und die E-Mail wird NIE angezeigt). Ihr Beitrag wird der Wand direkt darunter hinzugefügt. Es ist in Ordnung – Sie können loslassen.

Angemessene Erwartungen schaffen

Bewerten Sie die Standards, die Sie (und andere) sich selbst gesetzt haben. Sind es gute Standards? Oder sind sie gar unplausibel?

Wenn Sie feststellen, dass Sie niemals mithalten können – egal, wie sehr Sie es versuchen –, müssen Sie möglicherweise einfach Ihre Lebenseinstellung ändern. Gesunde Erwartungen sind erreichbar und lohnend, anstatt zu erschöpfen und zu überwältigen.

Machen Sie einen Kompromiss mit sich selbst. Es ist an der Zeit, eine Vereinbarung mit sich selbst zu treffen:

- Erlauben Sie sich, die Vergangenheit aufzugeben und sich auf die Gegenwart zu konzentrieren
- Hören Sie auf, sich wegen etwas zu fertig zu machen, das vor zwei, fünf oder zehn Jahren passiert ist
- Beseitigen Sie Schuld und Scham aus Ihren Gedanken und Verhaltensweisen
- Akzeptieren und respektieren Sie sich so, wie Sie sind... trotz Ihrer Fehler
- Vergeben bedeutet, einen Gefangenen zu befreien und zu erfahren, dass Sie der Gefangene waren.

WIE GEHT'S IHREM INNEREN KIND? EINE ANLEITUNG ZUR HEILUNG

Haben Sie jemals auf die kleine Stimme in sich gehört? Diese kann als Erinnerung an Ihr jüngeres Ich dienen. Unabhängig von unserem Alter tragen wir unser jüngeres Selbst täglich mit uns. Vielleicht taucht unser am Boden zerstörtes fünfjähriges Ich auf, wenn unser bester Freund unseren Anruf nicht erwidert, oder unser verwirrtes fünfzehnjähriges Ich taucht auf, wenn ein Kollege anderer Meinung ist als wir. Bei der Arbeit mit dem inneren Kind geht es darum, sich um diese jüngere Version von uns selbst zu kümmern.

Was ist der Zweck der Arbeit mit dem inneren Kind?
Die Arbeit mit dem inneren Kind, auch bekannt als Heilung des inneren Kindes, ist eine Technik, um unerfüllte Bedürfnisse als Kind anzusprechen und Bindungsnarben zu heilen. Wir alle haben ein jüngeres Selbst, das nie so geliebt wurde, wie es als Kind geliebt werden musste. Die Arbeit mit dem inneren Kind beinhaltet, wie jede andere Art von innerer Arbeit, die Schaffung einer Umgebung, in der Ihr Unterbewusstsein die Führung übernehmen kann. Innere Arbeit erforscht unsere wahren Gefühle und Aspekte von uns selbst, die von anderen

abgelehnt und als „unangemessen" oder „zu viel" kategorisiert wurden. Uns Zeit zu geben, nach innen zu gehen, ermöglicht es uns, unsere täglichen Bewältigungstechniken (Vermeidung, Unterdrückung unserer Gefühle usw.) zurückzunehmen und unser Unterbewusstsein vollständig zu akzeptieren und zu integrieren.

Die Arbeit mit dem inneren Kind ist eine Art Behandlung.
Zahlreiche Behandlungsmethoden beinhalten die Arbeit mit dem inneren Kind. Die Linse des inneren Kindes kann in verschiedenen Settings gefunden werden, darunter Traumatherapie, Teilearbeit, interne Familiensysteme, EMDR, sensomotorische Psychotherapie, somatische Arbeit, Gestaltarbeit, Kunsttherapie und eine Geschichten- oder Erzähltherapie, sagt Phillips.

Was die Arbeit mit dem inneren Kind wirklich einzigartig macht, ist ihr Zweck, mit unserem inneren Kind in ihrer Sprache zu kommunizieren. Diese Sprache ist eher emotional geerdet und verkörpert als intellektuell durch Gedanken und Worte vermittelt.

Was genau bedeutet „Inneres Kind"?
Unser inneres Kind zeigt uns in verschiedenen Stadien unserer Kindheit, und sie können jeden Alters sein. Dieser Aspekt ist untrennbar mit unserer angeborenen Aufregung, Neugier und Kreativität als Jugendliche verbunden. Indem Sie sich mit Ihrem inneren Kind verbinden, können Sie auf seine Eigenschaften und Erfahrungen im Moment zugreifen. Sie können sogar fühlen, wie sie sich körperlich gefühlt haben.

Wir sind auch als Kinder beeinflussbar und nehmen schnell auf, was unsere Umgebung und Betreuer uns beibringen und wie sie uns behandeln. Wunden des inneren Kindes, auch Bindungswunden genannt, können aus einem traumatischen Erlebnis oder einem chronischen Bruch entstehen, der nicht repariert werden kann. Bei Kindern kann ein nicht reparierter Bruch als Hilferuf erscheinen, der von einer emotional unzugänglichen Bezugsperson unbemerkt bleibt. Auch als Erwachsene kommt es in unserem Alltag zu Brüchen, wenn jemand vergisst, uns im Laden die Tür offen zu halten, oder wenn ein Freund uns nicht begrüßt. Sie entscheiden darüber, ob das Ereignis eine Wunde bleibt oder sofort verarbeitet wird.

Das Erwachsensein bietet uns die Möglichkeit, unser verletztes inneres Kind zu heilen und die sicheren inneren und äußeren Umgebungen aufzubauen, die unser jüngeres Selbst wünscht.

Warum ist es notwendig, das innere Kind zu heilen?

Als Erwachsene tragen wir Kindheitstraumata, ob grundlegend oder komplex, die von emotionaler Vernachlässigung bis hin zu körperlicher Gewalt reichen. Phillips beobachtet, dass viele Erwachsene glauben, mit ihren Wunden und Gefühlen allein zu sein, und sie daher in dem Glauben verbergen, dass dies „was andere Erwachsene tun".

Aus diesem Grund, so behauptet sie, ist die Heilung des inneren Kindes entscheidend. „Um uns daran zu erinnern, dass wir weder Recht noch Unrecht haben. Um das Stigma zu lindern, das damit verbunden ist, einfach Empfindungen zu haben."

Indem wir unser inneres Kind reparieren, können wir beginnen, das Gefühl von Komfort und Sicherheit zu erzeugen, nach dem sich unser jüngeres Selbst immer gesehnt hat. Damit geben wir den positiven Eigenschaften unseres inneren Kindes eine Chance zu strahlen. Wir entdecken unsere innewohnenden Fähigkeiten, unsere innere Neugier und unser unendliches Potenzial für Liebe.

Wenn wir es andererseits vermeiden, unsere früheren Wunden zu konfrontieren und uns mit ihnen allein fühlen, manifestieren sie sich in selbstzerstörerischen Verhaltensweisen und Umweltzerstörung wie Arbeitssucht, Trunkenheit oder Rassismus." Wir heilen Generationen, wenn wir das innere Kind heilen. Wir sind die Heiler der Welt. Wir beeinflussen einander, darum geht es bei Koregulierung, gemäß Phillips.

Zeichen, dass Ihr inneres Kind Heilung braucht

Die folgenden Symptome sind mit den ursprünglichen Befestigungswunden verbunden:

1. Übermäßige Reaktivität.
Wenn sich unser verwundetes inneres Kind in unserem täglichen Leben manifestiert, können wir es erkennen, wenn wir übermäßig auf Situationen reagieren, uns plötzlich distanziert oder verärgert fühlen. „Unser erwachsenes Selbst versucht, die äußere Umgebung, die ihm Unbehagen bereitet, zu verwalten oder zu kontrollieren innen", erklärt Phillips.

2. Überbewertung der Unabhängigkeit.
Dies kann sich in der Wiederholung der Erzählung „Ich brauche niemanden" und der Weigerung, Hilfe anzunehmen, manifestieren.

3. Selbstzerstörerische Bewältigungsstrategien.
Dies kann sich als übermäßiges Trinken, Einkaufen, Untreue,
Glücksspiel, Essen oder chronisches Aufschieben äußern.

4. Unzureichendes emotionales und geistiges Wohlbefinden.
Dies kann sich auf eine Vielzahl von Arten ausdrücken, von
denen die häufigsten wie folgt sind:

• Depressionen
• Unmotiviert
• Wunsch nach zunehmender Zeit allein oder mit Freunden
  (Vermeidung manifestiert sich auf verschiedene Weise)
• Unmotiviert
• Schlafstörung
• Gewichtszunahme oder -verlust
• Unfähigkeit, sich bei der Arbeit zu konzentrieren oder
  produktiv zu sein

Personen, die als Kinder Bindungsverletzungen erlitten haben,
reproduzieren häufig unbeabsichtigt Bindungsmuster in
ihren erwachsenen Beziehungen, ob romantisch oder nicht.
Dies deutet im Wesentlichen darauf hin, dass sie Muster von
Kindheitstraumata wiederholen.

Laut Phillips kann die Ausführung eines Befestigungsmusters
wie folgt aussehen:
• Konfrontation vermeiden oder die Bedenken eines Partners
  ansprechen
• Die Bedürfnisse eines Partners oder Ihre eigenen Bedürfnisse
  in der Beziehung ignorieren
• Laut Phillips kann die Ausführung eines Befestigungsmusters
  wie folgt aussehen:

- Besorgnis oder Angst innerhalb der Verbindung; infolgedessen werden die Bedürfnisse der Partnerschaft an erste Stelle gesetzt.
- Leiden unter einer tiefen Angst, von einem Ehepartner verlassen oder abgelehnt zu werden

Berryman fügt hinzu, dass wir lernen müssen, in ihrer Sinnes- und Körpersprache zuzuhören und zu sprechen, um unser inneres Kind zu verstehen.

Angenommen, Sie erinnern sich daran, wie es ist, mit einem Kind zu spielen. In diesem Fall werden Sie sich daran erinnern, dass Kinder ihre Wünsche und Bedürfnisse durch Körpersprache und intuitive Geräusche mitteilen, anstatt unvollständige, eloquente Sätze mit Ihnen zu sprechen. Aus diesem Grund besteht ein großer Teil der Wiederverbindung mit unserem inneren Kind darin, sich an Aktivitäten zu beteiligen, die alle unsere Sinne ansprechen. Wenn wir in einer Situation präsent sein können, anstatt uns durch sie hindurchzudenken, fügt Phillips hinzu, „erschließen wir einen Raum jenseits unserer typischen kognitiven Geschichte". Wir können in diesen aktuellen Momenten eine Beziehung zu unserem inneren Kind wiederherstellen.

Wir können beginnen, indem wir von unserer linken Gehirnhälfte – die mit Sprache, Logik und kritischem Denken verbunden ist – zu unserer rechten Gehirnhälfte übergehen, die mit emotionalem Ausdruck, Intuition und Kreativität zusammenhängt. Im Folgenden finden Sie einige Vorschläge für den Einstieg:

1. Machen Sie Atem- und Achtsamkeitsübungen.
Die Verbindung mit unseren tiefen Atemzügen und unserem physischen Körper ermöglicht es uns, uns vom Stress des

Erwachsenenalters und der sympathischen „Kampf-oder-Flucht"-Erregung zu lösen, was uns ermöglicht, neugierig auf die Gegenwart zu sein.

Nutzen Sie alle fünf Sinne, um Kontakt mit unserem Körper zu halten. Dies kann durch drei bewusste tiefe Atemzüge erreicht werden. Es kann hilfreich sein, eine Hand auf Bauch und Brust zu legen.

Konzentrieren Sie sich und beobachten Sie alles beim Einatmen
Sie konzentrieren sich auf den Geruch.
Sie konzentrieren sich auf den Atmen
Sie konzentrieren sich auf den Geschmack
Sie erleben ein höheres Bewußtsein.

2. Fördern Sie Ihren Erfindungsreichtum.
Erlauben Sie sich , zu malen, zu kochen, im Garten zu arbeiten, zu sitzen oder Comics zu lesen – lernen Sie sich mit ihrem inneren Kind zu verbinden und es zu lieben.

3. Sammeln Sie etwas.
Erinnern Sie sich, wie es sich angefühlt hat, als Kind Gegenstände zu sammeln? Das Sammeln von Gegenständen, die wir auf unserem Spaziergang zum Strand gefunden haben (Stöcke, Steine, Muscheln), kann uns helfen, uns wieder mit unserem inneren Kind zu verbinden. Dies hat keine praktischen Gründe; vielmehr tun wir dies um der reinen Erfahrung willen. Sie sind sich nicht sicher, was Sie sammeln sollen? Als Erwachsene sammeln viele von uns Bücher. Die gute Nachricht ist, dass Sie sie nicht lesen müssen, um sie zu genießen!

4. Entwickeln Sie Ihre Visualisierungsfähigkeiten. Visualisierung ist eine ausgezeichnete Technik, um sich wieder mit Ihrem inneren Kind zu verbinden. Visualisierungen helfen uns beim Zugang zu unserer Vorstellungskraft und unseren sensorischen Fähigkeiten. Am Anfang können geführte Visualisierungen äußerst vorteilhaft sein.

5. Tagebuch. Der Zweck des Tagebuchschreibens besteht darin, eine sichere Umgebung für Sie (und in diesem Fall Ihr inneres Kind) zu schaffen, in der Sie sich ehrlich und ohne Rücksicht auf die Erwartungen der Außenwelt ausdrücken können. Es kann die Form annehmen, dass Sie sich einfach hinsetzen und fragen, wie sich Ihr inneres Kind heute fühlt. Der Trick ermöglicht es Ihrem inneren Kind, seine eigenen Erfahrungen wahrzunehmen, ohne sie zu zensieren oder zu korrigieren.

Wenn Sie Hilfe benötigen, um diesen sicheren Raum zu schaffen, finden Sie hier einige Anregungen zum Schreiben für Selbsteltern, um Ihnen den Einstieg zu erleichtern.

5 effektive Techniken, um das innere Kind zu heilen
„Niemand kehrt für das innere Kind zurück. Mit Ausnahme von dir." - Tanya Markul

Jeder Mensch besitzt ein inneres Kind. Sie sind Ihr inneres Kind, aber es ist nicht die infantile Mentalität, an der Sie jahrelang festgehalten haben. Hier ist Ihr Unterbewusstsein am Werk. Sie besitzen all die unterdrückten Erinnerungen und Emotionen aus Ihrer Kindheit, die gelegentlich zurückkehren. Die Heilung Ihres inneren Kindes ist entscheidend für die allgemeine Gesundheit und Entwicklung.

Anzeichen dafür, dass Ihr inneres Kind versucht, mit Ihnen zu kommunizieren:

Laut der *American Psychological Association* „hat die Forschung festgestellt, dass eine starke Verbindung zwischen Eltern, Betreuern und Kindern und Jugendlichen sich wie folgt manifestiert:

* umgänglich, empfänglich und kommunikativ;
* angemessene Beschränkungen werden argumentiert
* Verhaltensregeln klar begründet.

Dieses Verhalten bringt ein gesteigertes Selbstwertgefühl, verbesserte schulische Leistungen: Zusätzlich werden negative Phänomene wie Depressionen oder Drogenmissbrauch bei Kindern und Jugendlichen vermieden."

Intensive und verständnisvolle Beziehungen zu Bezugspersonen wirken sich auf die soziale, kognitive, emotionale und mentale Gesundheit aus.

Was passiert, wenn eine Bezugsperson einem Kind keine unterstützende Beziehung bietet? Ihr inneres Kind wird hauptsächlich durch eine unbefriedigte Kindheitssehnsucht nach bedingungsloser Liebe und Sicherheit motiviert. Sie werden in Ihren frühen Lebensjahren am meisten von den Betreuern beeinflusst, die Sie umgeben. Wenn Ihr inneres Kind provoziert wird, können Auslöser, Traumareaktionen und Selbstschutzstrategien ins Spiel kommen.

Wenn Jane Bestätigung nach ihrem Ehemann sucht und er zu beschäftigt ist, um ihr ein Kompliment zu machen, fühlt sie sich wahrscheinlich unbemerkt und ungehört. Vielleicht wird die Sehnsucht ihres inneren Kindes nach Aufmerksamkeit geweckt. Jane beginnt dann einen Kampf um etwas, das für andere unbedeutend erscheint, aber für sie von Bedeutung ist. Auch wenn ihr Mann das nicht vorhatte, fühlt sie sich zurückgewiesen. Diese Art von Reaktion tritt häufig auf, wenn das innere Kind sich angesprochen fühlt. Wut taucht als sekundäre Emotion auf.

Auch wenn Sie jetzt in einer gefestigten Beziehung sind, erleben Sie das Gefühl der Verlassenheit. Aufgrund der Projektion vergangener Schmerzen kann es schwieriger sein, Intimität zuzulassen.

Diese Auslöser auch Trigger genannt können für einen Außenstehenden oft sehr unbedeutend scheinen und doch Gefühle wie , überfordert, gestresst oder nicht wertgeschätzt

erzeugen. Jede Person hat eine einzigartige Kollektion von Auslösern.

Traumareaktionen manifestieren sich oft auf folgende Weise _
- Weigerung, Hilfe zu suchen
- „Mir geht es gut" zu sagen, wenn es nicht stimmt
- Sich wie eine Last fühlen

Ihr Selbstschutzverhalten kann unter anderem Perfektionismus, Menschenfreundlichkeit und Machthunger erzeugen. Dies kann auf verschiedene Weise geschehen. Sie versuchen, die Vernachlässigung, die Sie als Kind erlitten haben, zu kompensieren. Sie fühlen sich unzulänglich, so wie Sie sind, und so strengen sich noch mehr an. Repression verschärft das Problem.

Ihr inneres Kind wird irgendwann einen Ausweg finden. Es kann Angst, Depression, posttraumatische Belastungsstörung

(PTSD), emotionale Dysregulation, Impulsivität, Ausbrüche, Funktionsstörungen und soziale Loslösung zeigen. Ignorieren verstärkt das nur. Es versucht häufig, Sie darüber zu informieren, dass etwas nicht stimmt. Wenn es beginnt, Ihr Leben zu dominieren, ist es wichtig, sich von einem Experten für psychische Gesundheit behandeln zu lassen.

Ungelöstes Trauma

Ungelöstes Trauma kann der Kern Ihrer Schwierigkeiten sein. Ein Trauma kann verschiedene Formen annehmen. Aundi Kolber definiert „großes Trauma" als „Ereignisse wie Missbrauch, Vernachlässigung, Naturkatastrophen, schwere Unfälle oder das Gefühl von Verlust". Dann gibt es „unbedeutendes Trauma" oder auch triviales Trauma, aber sammeln sich diese an und verursachen auch diese im Laufe der Zeit schwere Qualen. Ein Trauma tritt auf, wenn Ihr Nervensystem überfordert ist und Ihre Toleranz für schmerzhafte Gefühle überschritten wird. Ein Trauma manifestiert sich bei jedem Menschen anders. Daher ist es sinnlos, ein Trauma zu vergleichen. Ein Trauma kann Ihre Bindungsstile beeinflussen, was zu dem führt, was als „Bindungstrauma" bezeichnet wird.

Wenn Sie älter werden, entwickeln Sie zwei unterschiedliche Bindungsstile: unsicher und sicher. Unsicherheit äußert sich in Widersprüchlichkeit und Ungerechtigkeit. Sicher ist ein Begriff, der sich auf ständige und emotionale Unterstützung bezieht. Laut Dr. Bruce Perry können Sie gelegentlich auf musterlose Pflege oder Pflege stoßen, die Unterstützung und Vernachlässigung kombiniert.

Laut Very Well Mind „ermöglicht die Neuroplastizität dem Gehirn, sich an die sich ändernden Verhaltensgewohnheiten und Überzeugungen einer Person anzupassen." Menschen mit unsicherer Bindung können die notwendige Sicherheit entwickeln, indem sie neue, hilfreiche und liebevolle Erfahrungen in ihr Leben integrieren.

Entdecken Sie Ihr inneres Kind und schaffen Sie eine gesunde Verbindung

Laut Healthline besteht der erste Schritt zur Heilung einfach darin, Ihr inneres Kind anzuerkennen, was „ein Prozess der Selbstfindung" ist.

Umarmen Sie das innere Kind mit Selbstmitgefühl achtsam. Einfach ausgedrückt bedeutet Achtsamkeit, präsent und im Einklang mit sich selbst zu sein. Verbinden Sie sich mit Ihrem inneren Kind. Vermeiden Sie es, Ihre Gedanken zu beurteilen; Beobachten Sie sie stattdessen objektiv und drücken Sie Ihre Dankbarkeit für ihre Existenz aus. Gib ihnen ihren Platz. Dein inneres Kind unterdrückt Dinge aus Angst, Platz einzunehmen. Es ist an der Zeit, Ihrer Angst Luft zu machen. Es ist an der Zeit, Ihre Jugend wiederzuerlangen. Es ist Zeit für einen Neustart.

Wenn Sie sich selbst Mitgefühl zeigen, können einige Rückschläge auftauchen. Auf dem Weg zur Heilung können verdrängte Schmerzen auftauchen. Wenn es übermäßig wird, versuchen Sie es mit Erdung. Konzentrieren Sie sich auf Ihre Sinne, um sich in den gegenwärtigen Moment zu bringen. Auf diese Weise wird Ihr inneres Kind ohne Ihre Zustimmung nicht die vollständige Kontrolle übernehmen.

Verbinden Sie sich wieder mit Ihrem inneren Kind

Beobachten und nähren SIe dann Ihr inneres Kind. Zahlreiche Übungen sind in Dr. StefanieStahls Buch *Das Kind in dir*

: enthalten. Betrachten Sie die folgende Gedächtnisübung: Notieren Sie sich, wie Sie mit den jüngsten Ereignissen in Ihrem Leben umgegangen sind, wie ungesundem Verhalten oder negativen Gedanken. Betrachten Sie die folgenden Ereignisse. Welche Selbstverteidigungsmechanismen können Sie in Ihrem Verhalten erkennen? Verbinden Sie diese mit den Überzeugungen, die Sie als Jugendliche gelernt haben und die sie beeinflussen.

Könnten Sie es notieren, um es zu ändern? Bestimmen Sie, welche Ihrer negativen Überzeugungen aus der Konditionierung und dem Training in der Kindheit resultieren. Gestalten Sie die Realität durch Ihren inneren Erwachsenen neu.

Laut Dr. Stefanie Stahl können Sie Ihren inneren Erwachsenen verbessern, indem Sie Kindheitsideen herausfordern, die aufgrund von Vernachlässigung oder Missbrauch entstanden sind. Konfrontieren Sie negative Überzeugungen wie „Ich verdiene keine Liebe, weil meine Eltern sie mir nicht gezeigt haben" mit der Affirmation „Ich war nur ein Kind, das Liebe und Schutz verdient hat und immer noch verdient."

So beginnen Sie den Prozess der Selbstreparatur.
Hier sind einige Starter, um Ihr inneres Kind anzusprechen.

- Was hättest du dir in diesem Alter von einem vertrauenswürdigen Erwachsenen gewünscht?
- Was ist eine positive Aussage, die Sie über sich selbst machen können?
- Wie können Sie sich selbst verzeihen, dass Sie nicht wussten, was Sie jetzt wissen, als Sie jünger waren?
- Wie können Sie die Demütigung überwinden, die mit Ihrem Lebensweg verbunden ist?

- Was kannst du von deinem verwundeten inneren Kind über Weisheit lernen?

Wenn überhaupt, sind Affirmationen wie „Ich liebe dich" und „Es tut mir leid, dass das passiert ist" hilfreich.

Oxytocin freisetzen

Oxytocin ist ein Hormon, das freigesetzt wird, wenn eine Person Gefühle von Liebe und Geborgenheit erlebt. Es hat mehrere Vorteile, darunter Stressabbau, erhöhte Immunität, verbesserter Schlaf, Entspannung und positives Denken. Wenn eine Bezugsperson ein Kind vernachlässigt, kann die Freisetzung von Oxytocin und anderen Chemikalien wie Dopamin gehemmt werden.

Laut der Studie „Oxytocin's Effects on Maternal Care and Closeness" wird Oxytocin im Hypothalamus gebildet und in das Kreislaufsystem freigesetzt, wo es die Uteruskontraktionen während der Geburt und den Milchfluss während des Stillens unterstützt im Gehirn, wo es nachweislich entscheidend für den Aufbau und die Aufrechterhaltung von Bindungsbindungen bei Tieren ist.

Die gute Nachricht ist, dass es Techniken gibt, um den Oxytocinspiegel im Gehirn zu erhöhen. Es gibt sogar Studien, die die Verwendung von Oxytocin untersuchen, um bei Kindern, die auf irgendeine Weise benachteiligt wurden, ein Gefühl von Vertrauen und Sicherheit zu erzeugen.

Als Erwachsener können Sie Oxytocin auf folgende Weise freisetzen, um mit Ihrem inneren Kind umzugehen:

1. Massieren Sie sich selbst oder eine andere Person.
2. Yoga – Yoga hilft, den Blutdruck zu senken und Stress abzubauen.
3. Bad – Tauchen Sie in warmes Wasser mit Sprudel ein und lassen Sie Ihre Gedanken schweifen.
4. Gewichtsdecke – Es wird sich anfühlen, als würden Sie umarmt!
5. Musik hören oder erstellen – Erstellen Sie eine Playlist für die Selbstpflege.
6. Meditieren
7. Fördern Sie die Verbindung – Ein starkes Unterstützungssystem und soziale Aktivitäten werden Ihre Genesung unterstützen.
8. Intimität – Umarmungen, Kuscheln, Geschlechtsverkehr oder anderer körperlicher Kontakt mit einer anderen Person.
9. Haustiere

Tiere zur emotionalen Unterstützung haben einen starke heilende Wirkung (mehr darüber in meinem Buch die Heilkraft deiner Haustiere)

Irgendwann werden Sie Ihr inneres Kind als integralen Bestandteil von sich akzeptieren. Sie werden wissen, dass nichts Ihre Schuld war. Sie können ihm jedoch jetzt erlauben, Zuflucht zu finden. Heilung geschieht nicht über Nacht. Es ist natürlich, dass bestimmte Themen von Zeit zu Zeit überprüft werden müssen. Daran kann man in Schritten arbeiten. Sie müssen nicht alle Ihre frühen Traumata in einer Sitzung durcharbeiten. Ihr inneres Kind wird es Ihnen jedoch danken, dass Sie es endlich an die Oberfläche gebracht haben.

KLIENTEN ÜBER VERGEBUNG

Auf meinen Reisen um die Welt bin ich den aussergewöhnlichsten Menschen und ihren Geschichten begegnet, die um die Gnade der Vergebung gekämpft haben.

Einige möchte ich hier teilen:

«Ich kann meinem Vater die Scheidung voll und ganz verzeihen...»

Ich kann meinem Vater die Scheidung voll und ganz verzeihen und alles, was er den vier Kindern angetan hat, die er zurückgelassen hatte.

Vor vielen Jahren war meine Familie ein glückliches Zuhause. Meine Mutter und mein Vater lieben sich so sehr; sie machen alles zusammen und über all dem schwebte Liebe. Oft machten wir Ausflüge oder besuchten gemeinsam das Kino. Plötzlich änderte sich alles. Mein Vater fing an, nächtelang fortzubleiben.

Meine Mutter und mein Vater stritten sich immer deswegen, aber es änderte sich nichts.

Eines schicksalhaften Morgens sahen wir den Anwalt meines Vaters, der kam und meiner Mutter einen Brief gab.

Mutter öffnete ihn, und es war ein Scheidungsbrief. Mutter weinte die ganze Nacht, und dann fanden wir heraus, dass Vater aus dem Haus ausgezogen war, ohne auch nur an seine Kinder zu denken.

Mama war Voll- Hausfrau gewesen, weil Papa sich geweigert hatte, sie arbeiten zu lassen.

Ich musste aufhören, zur Schule zu gehen, um Geld zu verdienen um meiner Mutter bei der Schulbildung der jüngeren Geschwister und unserem Unterhalt zu helfen. Jeden Tag sah ich meine Mutter weinen, ich fühlte mich wirklich schlecht und mein Vater kümmerte sich nicht einmal mehr um uns und verweigerte auch die Unterhaltszahlungen.

Zudem fing er an, sich gegenüber seinen Kindern seltsam zu verhalten. Ich frage meine Mutter immer wieder, warum Papa uns plötzlich nicht mehr sehen will, aber stattdessen weint sie und sagt nichts. Ich wurde sehr neugierig und konnte mich nicht mehr auf mein Geschäft konzentrieren. Ich bemühte mich sehr, die Aufmerksamkeit meines Vaters auf mich zu ziehen, um ihn direkt zu fragen, warum er uns verlassen hatte, aber er gab mir nie die Chance, auch nur mit ihm zu sprechen.

Meine jüngere Schwester wurde sehr krank und Mama konnte sie nicht von einem Spezialisten behandeln lassen, weil kein Geld übrig war. Ich bin oft zu meinem Vater gegangen, aber er wollte mich nie sehen. Ich wurde so wütend und fragte mich, warum Papa seine Kinder nicht sehen wollte. Auch wenn Papa und Mama Missverständnisse haben, sollte das Papa nicht davon abhalten, sich um uns zu kümmern. Wir sind schließlich sein Blut. Während wir leiden, sind mein Vater und seine neue Freundin immer in verschiedenen Restaurants zu sehen und amüsieren sich.

Also ging ich eines Tages zur Sekretärin meines Vaters und bat sie, mich zu meinem Vater zu lassen. An diesem schicksalhaften Tag war er allein; ich klopfte an seine Bürotür und trat ein; er sah mich an und sagte: „Was willst du?" Ich ging auf die Knie und fragte mit Tränen in den Augen: „Papa, warum hast du uns verlassen?" Er sah mich an und sagte: „Mama ist an allem schuld." Ich wollte unbedingt wissen, was die die Schuld meiner Mutter sein konnte. Er gab mir das DANN Testergebnis meiner jüngeren Schwester und als ich es öffnete, stellte ich fest, dass mein Vater nicht ihr biologischer Vater war; ich war schockiert. „Du siehst, warum ich ausziehen musste, weil ich nicht einmal sicher bin, ob ich überhaupt dein Vater bin." Ich wurde sehr traurig und verließ das Büro. Als ich nach Hause kam, erzählte ich meiner Mutter und zeigte ihr das Ergebnis, sie fing an zu weinen und um Vergebung zu bitten, und dann sagte sie, es sei keine Absicht.

Sie erzählte mir dann, wie sie von einigen Männern gezwungen wurde, als sie mit ihren Freunden ausging. Meine Mutter ist so eine schöne Frau; selbst in ihren späten 40ern ist sie so jung und hübsch wie immer. Ich wurde sehr traurig und fragte sie sofort, warum sie meinem Vater nichts davon erzählte, aber sie sagte, sie wollte ihr heile Welt und das Verhältnis nicht zerstören.

Am nächsten Tag ging ich zurück in das Büro meines Vaters und erzählte ihm die Geschichte; er war traurig, aber er überprüfte dann mit einem DNA- Test die Vaterschaft von allen Kindern und fand heraus, dass er unser biologischer Vater war, mit Ausnahme des jüngsten Kindes.

Reuig und gleichzeitig erleichtert kehrte er nach Hause zurück und wir wurden für immer eine glückliche Familie.

Wir habe alle in der Familie Vergebungsarbeit geleistet und konnten uns von der Täter/Opfer-Vorstellung befreien. Wie oft unterliegt der Mensch der Täuschung.

Josephine – USA-

«Ich kann meiner Mutter vollkommen vergeben und sie lieben...»

Ich kann meiner Mutter vollkommen vergeben und sie lieben, die, die Verantwortung für ihre vier Kinder von sich gegeben und ein neues Leben mit einem neuen Partner begonnen hat. Wir alle waren in diesen Zeiten nicht willkommen...

Vor vielen Jahren lebten meine Familie und ich zusammen in einem kleinen Haus. Mein Vater war Fahrer und meine Mutter war Geschäftsfrau. Meine Mama übernahm fast die ganze Verantwortung im Haus, weil Papa ein Durchschnittsverdiener war; er arbeitete in einer Firma als Angestellter, wo er nicht gut bezahlt wurde. Ich liebte meine Familie, weil wir in Liebe zusammenlebten. Plötzlich änderte sich alles; meine Mutter kam nicht mehr nach Hause, um für die Familie zu sorgen; sie fing an, mehr Zeit mit Freunden zu verbringen und Partys zu besuchen. Papa wartete immer auf Mama und verbrachte schließlich die meisten Nächte auf einem Stuhl, wo er auf sie wartete. Vergeblich. Eines Tages wurde Papa sehr krank und wir brachten ihn ins Krankenhaus. Mama kam nicht. Ein paar Tage später starb Papa an einem Herzinfarkt, und bis zu seiner Beerdigung kam Mama nicht vorbei. Ich wurde so wütend auf sie und beschloss, Arbeit zu suchen und sehr hart für meine Jüngeren zu arbeiten. Ich wollte meine Familie unterstützen.

Ich bin oft zu meiner Mutter in ihrem neuen Zuhause gegangen, um sie um Hilfe zu bitten und ihr sogar vom Tod unseres Vaters zu erzählen, aber sie schickte mich immer wieder fort. Ich fing an, nebenbei Dinge zu verkaufen, um für mich und meine Geschwister zu sorgen. Eines Tages traf ich meinen alten Klassenkameraden, der gerade aus den Vereinigten Staaten zurückgekommen war, er stellte mir sein Geschäft vor, und in weniger als sechs Monaten hatte ich ein Auto und ein Haus, und meine Geschwister waren wieder glücklich. Sie gingen zu Schule und wurde erfolgreich. Eines schicksalhaften Tages sah ich die Freundin meiner Mutter, die mir vom derzeitigen Zustand meiner Mutter erzählte, wie ihr Geschäft bankrott gegangen war und sie jetzt auf der Straße lebt, ohne dass sich jemand um sie kümmert. Ich fühlte mich schlecht, aber ich war nicht bereit, sie zu sehen. Die Freundin flehte mich an und sagte, ich solle wenigstens hingehen und sie anhören. Ich gab nach und als wir an ihrem Wohnort ankamen, war es ein unfertiges Gebäude ohne Fenster und Türen. Ich war traurig, sie sah mager und verwahrlost aus. Ich erinnere mich sofort, wie meine Mutter war, als wir zusammenlebten. Ich weinte bitterlich und ich konnte ihr nicht einmal Fragen stellen, warum sie uns verlassen hat und mit einem anderen Mann gegangen ist, ohne an uns zu denken. Ich nahm sie mit nach Hause, und sie lebte wieder bei ihren Kindern, sie bat uns um Vergebung, und wir vergaben ihr schließlich und brachten sie zum Grab meines Vaters, um auch ihn um Vergebung zu bitten; ich brachte meine Mutter zur Behandlung ins Krankenhaus und besorgte ihr viele Kleider und Taschen. Sie war sehr glücklich und wir leben wieder glücklich als Familie.

- Roberto – Brasilien -

«Ich kann meiner Schwester vollkommen vergeben...»
Ich kann meiner Schwester voll und ganz verzeihen, die sich weigert, sich impfen zu lassen und sagt, sie werde bis zu ihrem Tod isoliert bleiben und ihre Familie nie wieder sehen... Vor ein paar Jahren lebte meine Familie zusammen in einem Bungalow in der Stadt. Meine Schwester war eine erfolgreiche Geschäftsfrau, die auf Geschäftsreisen durch das ganze Land reiste. Sie verkaufte Schmuck, Kleidung, teure Taschen und Schuhe. Plötzlich fing sie an, zu husten und zu niesen. Sie nahm viele Medikamente, aber ohne Erfolg, also schlug ihr Arzt vor, sie zu einem Test ins Krankenhaus zu bringen. Als sie ins Krankenhaus kam, wurde bei ihr eine schwere Krankheit diagnostiziert, und sie sollte den Impfstoff nehmen, aber sie weigerte sich. Stattdessen entschied sie, sich in Isolation zu begeben, damit sie uns nicht bis zu ihrem Tod anstecken würde. Mutter weinte bitterlich und flehte sie an, die Impfung zu nehmen, aber sie stand zu ihren Worten. Also wurde sie in Isolation gebracht, wo sie zwei Wochen lang bleiben würde, ohne ihre Familie zu sehen. Vater und ich gingen immer ins Krankenhaus, um nach ihr zu fragen . Die Ärzte sagten immer wieder, dass es ihr gut gehen würde, dass wir weiter für sie beten sollten. Ich war so traurig und fragte mich, warum meine Schwester den Impfstoff nicht nehmen wollte. Mama weigerte sich zu essen und ging weiter ins Krankenhaus, aber sie durfte ihre Tochter nicht sehen.

Meine Mutter wurde sehr krank. Sie weigerte sich, ins Krankenhaus zu gehen und behauptete, sie wolle vor ihrer Tochter sterben.

Ich weinte und bat sie, uns zu erlauben, sie ins Krankenhaus zu bringen, aber sie war nicht einverstanden. Ich war so wütend auf meine Schwester und fragte mich, warum sie das alles tat. Wollte sie Mama schon in jungen Jahren umbringen, oder verschwieg sie mir etwas? Zwei Wochen später klingelte das Telefon meines Vaters, aber Vater hatte Angst, abzunehmen, weil es Doktor Sam war, der anrief. Endlich nach vielen verpassten Anrufen, hob Papa ab. Doch bevor Dad sprechen konnte, hieß es: „Herzlichen Glückwunsch, Sir, es wird Ihre Aufmerksamkeit im Krankenhaus benötigt", sagte Doktor Sam. Die Glückwünsche erregten unsere Aufmerksamkeit, sodass wir alle ins Krankenhaus gingen. Ich sah meine Schwester auf dem Stuhl im Krankenhaus sitzen. Sie hustete nicht mehr. Die Ärzte haben meinem Vater erzählt, dass es meiner Schwester gut geht und wir nach Hause gehen können. Alle waren glücklich, und ich ging nach Hause, und als Mama sie sah, verschwand ihre Übelkeit, sie fragte sie, warum sie sich weigerte, den Impfstoff zu nehmen, dann erklärte sie, dass sie einen Traum hatte, und in ihrem Traum wurde ihr von einer älteren Frau erzählt, überhaupt keine Spritze anzunehmen, wenn sie es annimmt, wird sie sterben. Als sie aufwachte und es ihrem Pastor erklären wollte, sagte er dasselbe und bestätigte den Traum. So gestärkt in ihrem unerschütterlichen Glauben lehnte sie die Impfung ab.

Sie hat es überlebte, wie auch meine Mutter; ich umarmte meine Schwester und konnte endlich meinen Kummer loslassen. Ich nahm an, sie sei herzlos und wollte meine Mutter töten, indem sie die Impfungen verweigerte. Meine Familie war wieder komplett und lebte glücklich zusammen.

Falscher Glaube kann uns zum Täter werden lassen und Opfer und Täter sind oft 2 Seiten derselben Medaille.

- David - GB

«Ich kann sogar der neuen Frau meines Vaters, die uns unseren Vater weggenommen hat, voll und ganz verzeihen» Nach vielen Gesprächen mit seinen Freunden und Familienmitgliedern beschloss mein Vater, wieder zu heiraten. Ich dachte, die Wiederheirat meines Vaters würde unser Leben leichter und schöner machen, und wir würden die Gegenwart unserer Mutter spüren, aber es kam alles anders. Als Papa diese neue Frau heiratete, fing sie an, uns zu misshandeln.

Eines Tages bat sie mich, Wasser für die Fässer zu holen, was ich tat, aber als sie zurückkam, sagte sie, dass das Wasser nicht sauber sei und sie es wegschütten und es woanders holen müsse. Anfangs unterstützte mein Vater das sonderbare Verhalten nicht. , Aber plötzlich änderte sich alles; es gelang ihr die Aufmerksamkeit unseres Vaters völlig von uns abzuziehen. Sie gab uns kein Essen und behauptete, wir müssten vor dem Essen arbeiten.

Ein paar Monate später wurde sie schwanger, und wir dachten, sie würde jetzt glücklich sein, dass sie ihr Kind bekommen und lernen würde, uns zu lieben, aber stattdessen wurde es schlimmer.

Dad wollte nie etwas mit uns zu tun haben, schon gar nicht, als sie schwanger wurde. Sie wurde faul und wollte zu Hause nichts mehr machen, sie hat uns zu ihrem Dienstmädchen gemacht, aber mein Vater fand das nicht schlimm. Das ging so weiter, bis sie ihr Kind zur Welt brachte, aber leider verlor sie das Kind. Mein Vater wollte sie trösten und alles tun um sie glücklich zu machen und so schenkte er ihr noch mehr Aufmerksamkeit, ohne an uns zu denken. Als ich im Alter von 16 Jahren die Zulassung zur Universität bekam, bat ich meinen Vater um Geld, aber seine Frau erlaubte mir nicht, ihn zu sehen.

Ich bemühte mich sehr, aber sie verweigerte mir ein Gespräch mit meinem Vater. Ich wurde sehr wütend; ich habe meinen Vater angerufen, aber er hat nicht abgehoben, also habe ich einfach beschlossen, die Zulassung fallen zu lassen. Ein paar Monate später fing ich an, in einer Fabrik zu arbeiten um unabhängig zu werden. Ich beschloss, sehr hart zu arbeiten, um genug Geld zu verdienen und dann meine Geschwister und mich versorgen kann. Es war nicht sehr einfach, so hart zu arbeiten, aber ich war entschlossen mein Ziel zu erreichen. Nach 2 Jahren harter Arbeit hatte ich genug verdient, um für meine Universitätsausbildung zu zahlen. Ich wurde schließlich zum Studium des Maschinenbaus an der Universität zugelassen; ich habe sehr fleißig studiert und mit einem erstklassigen Abschluss abgeschlossen. Ich bekam eine Anstellung in einem der führenden Unternehmen der Stadt. Ich brachte meine Braut zu meinem Vater, um sie ihm vorzustellen. Die Reise in meinen Wohnort war für ihn altersbedingt zu anstrengend und auch seine Frau war zu krank um zu arbeiten.

Die Frau wurde nie wieder schwanger, und als sie mich sah, schämte sie sich so sehr dafür, wie schlecht sie meine Geschwister und mich behandelt hatte. Sie entschuldigte sich für all ihr Fehlverhalten,. Ich war befreit und erleichtert , konnte den jahrelangen Ballast endlich loslassen. Jetzt fühle ich mich als kompletten, geheilten Menschen voller Glück und Zuversicht. Von der Täterin ist sie selbst zum Opfer geworden und mir wurde klar, wie nahe diese Rollen beieinander liegen.

- Joseph – SA -

«Ich kann mir voll und ganz vergeben»

Also ich war ich nicht immer treu, auch wenn ich meine Frau liebe. Meine Familie war voller Leben und wir waren glücklich. Ich habe einen Engel geheiratet, aber ich wusste nicht einmal, dass etwas falsch mit mir war; ich konnte mich einfach nicht beherrschen, wenn es um Frauen ging.

Ich hatte immer sexuelle Wünsche an jede Frau. Ich blieb bis spät in der Nacht auf und reiste mit jungen Damen auf der ganzen Welt herum. Meine Frau bekam meine Aufmerksamkeit nicht mehr. Eines Tages kam ich gegen Mitternacht betrunken nach Hause, als sie fragte, woher ich komme; ich wurde handgreiflich. Dabei fühlte sie sich schlecht, aber ich wusste es nicht, weil ich betrunken war. Mein Pförtner brachte sie ins Krankenhaus. Als ich am nächsten Morgen aufwachte, sagte man mir, dass meine Frau im Krankenhaus sei. Ich fuhr hin und fand sie hilflos auf dem Krankenhausbett liegend. Ich weinte bitterlich. Ich betete zu Gott, um ihre schnelle Heilung. Der Arzt kam herein und bat mich, ihn in sein Büro ; Er sagte: „Mr. Godwin, warum haben Sie Ihrer Frau das angetan?" Bevor ich antworten konnte, fügte er hinzu: „Es tut mir leid, dass sie ihre Schwangerschaft verloren hat." Da fiel mir ein, dass sie schwanger war. Ich wurde traurig und machte mir bittere Vorwürfe.

Ich ging zu ihr zurück, und sie war wach; ich flehte sie an, um Vergebung und versprach, nie wieder tätlich zu werden. Sie sagte, dass sie mir vergibt. Ich fing an, allerdings nur für zwei Monate früher vom Büro nach Hause zu kommen.

Nichts gelang mir, obwohl ich mich so sehr bemühte, ihr ein besserer Ehemann zu sein. Ich konnte einfach nicht anders, mein sexuelles Verlangen war einfach stärker.

Ich fing wieder an, mit der Frau auszugehen, die ich verlassen hatte, und begann wieder nächtelang nicht nach Hause zu kommen.. Am Samstag klopfte eine Dame an meine Tür, und ich sah Felicia, eine der Damen, mit denen ich eine Affäre hatte. Sie hat mir klar gemacht, dass sie schwanger von mir ist. Ich bat darum, es abzutreiben, aber sie lehnte ab. Sie könne das nicht tun. Also musste ich für sie während der Schwangerschaft und auch nach der Geburt sorgen. Selbstverständlich musste ich auch für die Alimente aufkommen. Aber all das hielt mich nicht davon ab, weiter viele geheime Affären zu haben. Eines Tages war ich im Büro, als ich benachrichtigt wurde, dass meine Frau ins Krankenhaus eingeliefert worden war. Als ich dort ankam, wurde mir gesagt, meine Frau sei schwanger, und ich sollte sie auf keinen Fall stressen.

Ich wusste, dass meine Frau nicht gut auf mich zu sprechen war, weil immer noch die Schwangerschaft und das Kind der anderen Frau zwischen uns stand. Sie hatte mir das doch nie richtig vergeben können.

Felicia, meine Freundin hat mir einen Jungen geschenkt, und ich war so glücklich.

Als meine Frau ein Mädchen zur Welt brachte, war ich nicht so glücklich, weil es kein Junge war.

Ich schenkte dem Jungen mehr Aufmerksamkeit als dem Mädchen bis zu dem Tag, an dem der Junge krank wurde und Blut brauchte. Ich habe erfahren, dass er nicht mein Kind ist. Ich war wirklich traurig. Ich ging nach Hause zurück und bat meine Frau um Vergebung, und ich wurde von da an ein anderer Mensch; meine Frau gebar später Zwillinge, die Jungen waren.

Rahad – Indien - -

«Ich kann meinem ersten ehemaligen Partner
voll und ganz verzeihen»

Ich kann meinem ersten Partner voll und ganz verzeihen, der mich zunächst überzeugte, bei ihm einzusteigen, und nach drei Jahren dachte, er könne das Geschäft allein führen.

Ich war ein sehr fleißiger Mann, der bereit war, alles zu tun, nur damit es meiner Familie gut ging. Eines Tages traf ich meinen alten Schulfreund aus der Volksschulzeit. Er war Kaufmann geworden, der sich mit Export und Import befasste. Er erzählte mir begeistert von seiner Geschäftsidee mit der er sich jetzt selbständig machen wollte. Ich fand die Idee irgendwie spannend, aber hatte kein Geld für irgendwelche Investition. Er rückte schließlich heraus, dass er noch einen Partner für den Verkauf suchen würde und er immer schon an mich gedacht hätte.

Ich war ein Händler, der Kleidung auf Flohmärkten verkaufte. Neben dem Verkauf von Kleidung mache ich kleine Geschäfte, um für meine Familie zu sorgen.

Das geforderte Startkapital hätte ich nie aufbringen können. Mein Freund war finanziell viel besser situiert als ich. Er zerstreute schließlich meine anfänglichen Bedenken und schwärmte mir von den großen Gewinnen vor.

Ich trug dann meine wenigen Ersparnisse zum Gründungskapital bei und arbeitete hart zusammen mit meinem Freund, um das Geschäft erfolgreich aufzubauen.

Wir wurden Partner: Er hatte aber einen größeren Anteil als ich und so wurde das Geschäft auch nach ihm benannt.

Ich machte mir keine Sorgen.

Ich kümmerte mich um den Verkauf , brachte Kunden und baute nationale und internationale Vertriebsstrukturen auf. Mein Freund war für die Verwaltung und die Finanzen zuständig und blieb im Büro. Meine Verkaufsleistungen brachten einen Strom von Kunden und die Auftragslage war glänzend.

Ein paar Jahre später wuchs das Geschäft sehr weit über das hinaus, was ich mir je vorstellen konnte. Ich bekam aufgrund meines geringen Anteils den kleineren Anteil am Gewinn und war zufrieden damit. Eines Tages erhielt ich einen großen Geldbetrag, der über die normalen Provision hinausging, die ich für jeden Verkauf bekommen hatte. Verwundert rief ich meinen Freund an, und fragte ob hier ein Irrtum vorliegt. Er antwortete nur, er hätte mich ausbezahlt. Sofort sprang ich ins Auto und fuhr ins Büro um ihn dort zur Rede zu stellen. Als ich dort ankam, sagte er nur, er wolle keinen Partner mehr, er könne seine Firma allein führen;

Ich war zerstört und traurig. , Wir waren jetzt drei Jahre Partner und hatten uns in der Holzzulieferindustrie bereits einen Namen gemacht.

Ich fuhr sehr wütend nach Hause und wusste nicht, wie es weitergehen sollte. Meine Frau tröstete und ermutigte mich Ich konnte mich fassen und beschloss, meine eigene Firma in dieser Branche zu gründen.

Ich kontaktierte einige meiner alten Kunden. Sie freuten sich über meine Initiative und interessierten sich für mein Angebot Innerhalb von nur zwei Jahren machte ich mehr Gewinn als ich je erwartet hatte.

Dann erfuhr ich, dass mein alter Schulfreund in seiner Firma alleine weniger Umsatz machte als wir Gewinn gemacht hatten. Den Umsatz entnahm er fast gänzlich als Privatentnahme , weil er nicht sehr gebildet war. Die Folgen kann man sich denken. Keine Rechnungen wurden bezahlt und auch das Finanzamt ging leer aus. Das konnte nicht gutgehen, dachte ich mir.

Eines Tages saß ich in meinem Auto und wartete um meine Frau von einer Boutique abzuholen. Plötzlich hörte ich ein Klopfen an meinem Fenster, und als ich das Fenster öffnete, sah ich meinen Freund, der beschlossen hatte, die Firma allein zu führen. Er war völlig verwahrlost und bettelte um ein wenig Geld aber ich war einfach sprachlos und wusste nicht einmal, was ich sagen sollte. ; Ich gab ihm das Geld, dann hob er den Kopf und sah mich direkt an. Er war schockiert und entschuldigte sich dafür, dass er mich loswerden wollte und ausgezahlt hat. Er erzählte mir, wie sich alles verändert hatte, als ich ging.

Das Geschäft lief schleppend , er musste sich Geld von der Bank leihen und wurde zum Schuldner. Er konnte die Kredite nicht mehr bedienen und so übernahm die Bank das Geschäft und sein Haus und er fing an, auf der Straße zu leben.

Ich konnte einfach nicht anders, Tränen liefen mir in die Augen.

Aus ganzem Herzen konnte ich endlich vergeben und habe ihn gleich zu mir nach Hause eingeladen.

Joseph – Brasilien -

Eine wahre Geschichte aus Indien von meinem Freund Mahud

„Täuschungen vergeben"

Vor vielen Jahren gab es zwei Liebende, die sich sehr liebten, aber dann wollten die Eltern der Dame nicht, dass sie den Mann heiratet, weil er finanziell nicht gut gestellt ist.

So ist das im traditionellen Indien noch heute. Eltern wollen das oft hohe Brautgeld – das Dowry – nur jenem Mann geben, der für eine stabile finanzielle Zukunft sorgen kann.

Die Frau weinte und wünschte sich, ihre Eltern würden verstehen, dass sie ihn liebte.

Ich war sehr traurig. Ich beschloss herauszufinden, ob der junge Mann die Dame liebte. Bei meinen Recherchen fand ich heraus, dass er die Frau wirklich liebte. Er hat alle meine Tests bestanden. Er widerstand allen Versuchungen: ich versuchte ihn mit verschiedenen Damen zusammenzubringen, lockte mit schnellen Autos und Barbesuchen aber das alles hat ihn nicht einmal interessiert..

Ich war sehr glücklich und überrascht zu wissen, dass wahre Liebe immer noch existiert. Also beschloss ich, ihm zu helfen, reich zu werden und seine Liebe zu gewinnen. Ich rief einen meiner Freunde, einen Start- up Finanzier und Investmentbanker an, der in London lebte, um mir und damit ihm zu helfen,

Er lehnte zuerst ab, aber nach vielen Bitten und einem Interview mit dem jungen Mann stimmte er schließlich zu.

Er stellte ihm einige Geschäftsideen vor und sagte ihm, er solle die wählen, die ihm am besten zusagt. Dann stellte mein Freund noch das nötige Startkapital zur Verfügung, denn er war von den Fähigkeiten des jungen Mannes überzeugt.

Während dieses ganzen Prozesses hatte die Mutter der Dame bereits begonnen sich nach vermögenden Heiratskandidaten umzutun und sie für ihre Tochter zu interessieren.

Die Dame weigerte sich aber, auch nur mit diesen Männern zu sprechen.

Ein paar Jahre später hatte sich das Geschäft zu einer sehr erfolgreichen, großen Firma entwickelt.

Der nicht mehr ganz so junge, aber jetzt sehr wohlhabende Mann beschloss seine Angebetete zurückzuholen.

Er fuhr im neuesten Auto vor und machte einen glänzenden Eindruck. Die Mutter der Dame akzeptierte ihn, weil sie annahm einen reichen Mann für ihre Tochter gefunden zu haben. Sie ahnte nicht, dass es genau jener Mann war, den sie ursprünglich abgelehnt hatte, weil er nicht vermögend genug für ihre Tochter war .

„Wow, James, bist du das?" Bevor er antworten konnte, eilte sie freudig auf ihn zu und begrüßte ihn. Die Mutter war nur froh, dass die Tochter endlich einen wohlhabenden Mann gefunden hatte

„Mama", kannst du dich an ihn erinnern?" „Nein", antwortete sie. „Das ist mein Geliebter, den du mir vor vielen Jahren verboten hast zu heiraten, weil er nicht reich genug war."

Die Mutter schämte sich und wischte sich Tränen von der Wange und bat um Vergebung. Aber James sagte mit einem Lächeln: „Ich bin gekommen, um mir zurückzuholen, was mir gehört." Sie war sehr glücklich, dass ihr Geliebter sie nie vergessen konnte und jetzt zudem noch sehr vermögend war. Die Mutter bat um Vergebung und legte das Hochzeitsdatum fest.

Die Hochzeit war die prächtigste in Udaipur; Fast 1000 Gäste wurden 3 Tage lang üppig bewirtet.

Ihre Flitterwochen verbrachten sie in Europa.

Ich, als ihr Bruder war sehr glücklich und alle konnten der Mutter vergeben, die aus falsch verstandenen Liebe und Fürsorge so gehandelt hat.

Mahud, Indien

«Ich kann sogar meinem Ex-Mieter voll und ganz vergeben...»

Mein Ex-Mieter hat unsere Villa gemietet und dann die Miete, die er uns schuldete, einfach nicht bezahlt.

. Er erfand Schäden, die sich alle als falsch herausstellten.

Meine Familie gehört zu den reichsten der Stadt. Mein Vater war Anwalt, während meine Mutter eine Geschäftsfrau war, die exklusive Stoffe verkaufte.

Mein Vater hatte viele Immobilien, die er vermietete. Ich war das einzige Kind meiner Eltern. Ich besuchte eine der besten Universitäten in USA.

Ein paar Jahre nach meinem Abschluss übertrug mir mein Vater die Verantwortung für alle seine Grundstücke und Geschäfte. Papa und Mama unternahmen ausgedehnte, monatelange Reisen.

An einem Schicksalstag, den ich nicht vergessen kann, verlor ich sie Beide durch einen Flugzeugabsturz. Seitdem lebe ich allein, denn ich bin ein Einzelkind.

Es gibt niemanden mit dem ich meine Gefühle teilen kann.

Der Mieter in unserer Villa, fing an, Dinge zu tun, die er nicht tun würde, wenn Dad noch lebte. Sie verwandelten das Anwesen in ein Clubhaus und freundeten sich sogar mit Kriminellen an

Das Haus wurde zu einem Geheimversteck für Kriminelle, mit denen er befreundet war.

Eines Tages wollte ich ihn um meine zweijährige Mietrückstand bitten, aber er weigerte sich, mich zu bezahlen.

Er lebte im Haus, ohne zu zahlen, und sagte mir sogar, er wolle nicht zahlen. Immer wieder kam die Polizei in mein Büro, um mich zu befragen. Ich war so frustriert, dass ich es nicht mehr ertragen konnte.

Eines Tages kam eine Gruppe von Polizisten in mein Büro und nahm mich auf die Polizeiinspektion mit.

Als ich dort ankam, wurde ich streng verhört. Mir wurde eröffnet, dass in dem Haus bei einer Hausdurchsuchung Waffen und harte Drogen gefunden worden sind.

 Der Mieter sei unauffindbar. Ich stand also als Komplize unter Verdacht. Ich wurde sehr wütend und sagte ihnen, er sei nur mein Mieter. Sie zweifelten das an und sagten, wie kann ich mein Haus jemandem geben, von dem ich nicht weiß, was er beruflich macht.

Ich stand unter Verdacht und so wurde ich gezwungen, ein Einvernahme Protokoll zu unterschreiben und durfte die Stadt nicht mehr verlassen.

Ein paar Tage später ging ich zu dem Haus und fand heraus, dass der Mieter über Nacht ausgezogen war, ohne seine Miete zu bezahlen. Im Haus hatte er Schäden hinterlassen und außerdem entdeckte ich ein Versteck, in dem ganz offensichtlich harte Drogen gelagert wurden.

Ich war verzweifelt, weil ich ihn jetzt, wo er ausgezogen und flüchtig war nicht mehr befragen und festnehmen lassen und damit auch meine Unschuld nicht beweisen konnte.

Ich war nicht nur wütend, weil er sich weigerte seine Miete zu bezahlen. Die Angst vor den Schwierigkeiten, die sein Verschwinden mir bereiten könnte raubte mir den Schlaf.

Eines Tages klingelte mein Telefon . Der Anruf kam von der Kriminalpolizei. Ich sollte sofort in das Präsidium fahren. Dort sah ich meinen alten Mieter mit einigen Männern im Vernehmungszimmer. Die Polizei half mir, meine rückständige Miete zu erhalten.

Die Männer gestanden, dass mein Mieter nicht zur Bande gehörte und er nicht einmal wusste, was sie beruflich machen. Der Mieter war auch Opfer seiner Arglosigkeit und Leichtfertigkeit geworden. .

Er hat seine Lektion gelernt, und ich auch, und ich verspreche, meine Mieter immer zu fragen, was sie beruflich machen und werde die Aussagen auch gründlich überprüfen.

Es fiel mir leicht meinem Mieter aus ganzem Herzen zu vergeben, der Opfer war genau wie ich. Ich lernte künftig die Täterrolle zu hinterfragen und zu ergründen, ob in dem Täter nicht auch ein Opfer steckt und wir uns nicht dadurch beide aus den Rollen lösen können.

- Alfonso - Italien -

DIE ENTSCHEIDENDE ROLLE
DER VERGEBUNG

Die Reise jedes Menschen erfordert irgendwann Vergebung. Irgendjemand wird Ihnen Schaden zufügen. Sie werden anderen Schaden zufügen.

Vergebung ist ein belasteter Begriff. Bei einigen tauchen Schmerzgefühle auf, während bei anderen Gefühle der Befreiung auftauchen. Es ist schwer zu verstehen und noch schwieriger auszuführen.

Wenn das so schwer ist, warum ist es das so? Wie versöhnen Sie sich mit anderen? Wie gehen Sie vor, wenn Sie um Vergebung bitten? Warum ist das so wichtig?

Vergebung ist ein zentrales Konzept, wenn nicht sogar das zentrale Thema fast aller Religionen und Schriften. Es ist auch ein Bestandteil der biblischen Erzählung und erklärt den Prozess des Sündenfalls des Menschen und Gottes Vergebung

Wenn Sie um Vergebung bitten, wird sie gewährt.

.Um es wirklich zu verstehen, lesen und studieren Sie es die Philosophen und die Heilslehren. Es wird jedem voll vergeben, der sein Fehlverhalten bereut, sich an die höhere Instanz wendet und um Vergebung bittet.

Auch diejenigen, die in der säkularen Psychologie arbeiten, haben den Wert der Praxis des Vergebens entdeckt. Sie sehen es etwas anders als die Bibel. Laut der Mehrheit wird Vergebung definiert als **„eine bewusste, vorsätzliche Entscheidung, Gefühle des Hasses oder der Vergeltung gegenüber einer Person oder Organisation loszulassen, die Sie verletzt hat, unabhängig davon, ob sie Ihre Vergebung verdient haben".** Viele in der Psychologie haben sich auch darauf konzentriert, was Vergebung nicht ist, da die Idee so tief und gewichtig ist.

Was Vergebung NICHT ist
Die Autoren von Anger Management for Everyone definieren Vergebung als

„einen Prozess, der es Ihnen ermöglicht, die Beziehung zwischen Ihren Ideen, Ihren Handlungen und den Reaktionen Ihres Körpers zu entwirren".
Wie Sie sehen werden, bedeutet das Verzeihen von Personen für ihre Handlungen nicht, dass sie ihre Handlungen vergessen. Es bedeutet auch nicht, ihre abscheulichen Taten zu dulden, zu rechtfertigen, zu unterstützen oder ihnen gegenüber gleichgültig zu sein. Dies bedeutet nicht, inaktiv zu werden und nichts zu unternehmen, um die Situation zu verbessern. Stattdessen bedeutet Vergebung, dass Sie Ihr Bewusstsein für das Verhalten anderer schärfen und Maßnahmen ergreifen, um Ihr Familienleben, Ihre Karriere und Ihr allgemeines Glück zu verbessern. Vergebung bedeutet, seinen Hass aufzugeben.

Anschließend listen die Autoren auf, was Vergebung nicht ist:

- Vergessen: Obwohl es möglich ist, zu vergessen, was ein anderer einem angetan hat, ist es für den Vergebungsprozess unnötig. Während „Vergeben und Vergessen" in einigen schmerzhaften Situationen fast unmöglich ist, ist es möglich, Ihre Aufmerksamkeit weniger darauf zu richten.

- Akzeptieren: Vergebung impliziert nicht passives Akzeptieren oder Gleichgültigkeit gegenüber einer Ungerechtigkeit, die Ihnen oder anderen zugefügt wurde. Zum Beispiel beobachtet ein Lehrer einen Schüler, der versucht, bei einem Test zu schummeln. Die Lehrerin ist zwar bereit, der Schülerin auf Bitte zu vergeben, akzeptiert das Verhalten aber nicht. Der Student erhält eine 6 und fällt durch.

- Entschuldigung: Wie Akzeptanz bedeutet Vergeben nicht, dass alles, was passiert ist, in Ordnung war, solange es einen Grund dafür gab. Zum Beispiel ist er nur grausam, wenn er betrunken ist, aber er hat ein Alkoholproblem. Wenn er nüchtern ist, ist er nicht gemein. Dies ist eine Rechtfertigung für sein abscheuliches Verhalten.

- Neutralität: Dies bedeutet, dass keine Seite in einem Kampf gewählt wird. Das muss bei der Vergebung nicht der Fall sein. Man kann vergeben, während man dennoch „beiseite wählen" muss. Angenommen, jemand ist betrunken und kracht in das Auto Ihrer Tochter. Sie haben die Möglichkeit, dem Fahrer zu vergeben, müssen aber im anschließenden Gerichtsstreit Ihrer Tochter treu bleiben.

- Rechtfertigung: Vergebung bedeutet nicht, so zu tun, als wäre nichts passiert oder als wäre alles in Ordnung. Während Christi Vergebung dies für diejenigen bewirkt, die an ihn glauben, scheint dies in zwischenmenschlichen

Beziehungen nicht der Fall zu sein. Zum Beispiel sagt ein Freund etwas Unangenehmes über Ihren Charakter und versucht nicht, sich zu entschuldigen oder seinen Fehler zuzugeben. Sie sind verärgert und entscheiden sich zu vergeben, aber Sie teilen ihm mit, dass es nicht akzeptabel ist, dass er Sie so behandelt.

Ein einmaliges Ereignis:

- Vergebung ist ein Prozess, der Zeit braucht. Typischerweise ist Vergebung keine einmalige Entscheidung, sondern eine Reihe von täglichen Entscheidungen. Es tritt allmählich auf. Dies mag Jesu Absicht gewesen sein, als er siebenundsiebzig Mal anwies, zu vergeben. Er wusste, dass er mehrere bewusste Entscheidungen treffen musste, um wirklich zu vergeben.

- Streben nach Gerechtigkeit und Entschädigung: Oft glauben Menschen, dass sie sich nur dann besser fühlen werden, wenn der Gerechtigkeit Genüge getan wird oder sie irgendeine Form von Entschädigung für das erlittene Unrecht erhalten. Vergebung ist ein Akt des Verstehens, nicht des Verlangens. Tatsächlich ist Vergebung häufig einseitig, wobei der Vergebende wenig als Gegenleistung von der Last seines Zorns erhält.

- Verurteilung: Bei echter Vergebung gibt es keine Verurteilung. Es gibt keine Kritik an der Person oder ihrem Charakter.

Warum sollte sich eine Person für Vergebung entscheiden?

„Indem Sie Ihre Wut, Ihren Groll, Ihre Bitterkeit und Ihr Bedürfnis nach Rache reduzieren, werden Sie stärker und fähiger, ein freudvolleres Leben zu führen. Vergebung bedeutet, negative Gedanken und Wut loszulassen und eine Haltung des Verständnisses, des Mitgefühls und der Freundlichkeit anzunehmen die Person, die deinen Zorn entfacht hat." (Auszug aus *Anger Management for Everyone*).

Wenn Sie sich für Vergebung entscheiden, befreien Sie sich aus dem Griff der Bitterkeit. Unversöhnlichkeit schadet der anderen Person nicht so sehr wie Ihnen. Es flößt Ihnen Zorn ein, der sich zu Bitterkeit und Misstrauen gegenüber anderen entwickelt. Es ist häufig ein Hindernis für die Entwicklung neuer sinnvoller Beziehungen in der Gegenwart und Zukunft.

Abgesehen von der Beziehung und den psychologischen Vorteilen ist Vergebung ein Akt der Unterwerfung unter eine höhere Instanz. Es ist nicht einfach, es zu tun, und es erfordert vollkommenes Vertrauen in eine höhere Gewalt es ehrenhaft zu tun. Menschen vergeben vielleicht nicht so vollständig wie die universelle Liebe, aber in ihre Fußstapfen zu treten ist ein guter Anfang, um zu lernen, wie man vergibt. Dennoch haben andere versucht zu veranschaulichen, wie dieser Prozess des Vergebens aussehen könnte.

Wie vergibt man einer anderen Person? (Auszug aus Anger Management for Everyone).

Schritt 1: Identifizieren Sie die Quelle Ihrer Wut

Wenn Sie den Fehler, der Ihnen angetan wurde, und seine Auswirkungen auf Sie anerkennen können, beginnt der Prozess der Vergebung wirklich. Was ist passiert, dass Ihnen Schmerzen bereitet oder Ihre Wut entfacht hat? Was waren Ihre Gedanken dazu? Was war Ihre Reaktion? Welche Gefühle sind unter der Oberfläche begraben, wenn die Wut als Reaktion auf ein Ereignis, das sie ausgelöst hat, nachlässt?

Schritt 2: Entscheiden Sie sich zu vergeben
Wenn Sie sich auf das auslösende Ereignis und die damit einhergehenden negativen Ideen konzentrieren, werden Ihre Wut und Bitterkeit nur noch größer. Vergebung ist eine Entscheidung, solche Emotionen und Gedanken loszulassen. Betrachten Sie Folgendes: „Was macht meine Feindseligkeit gegenüber dieser Person mit mir?"

Schritt 3: Bemühen Sie sich zu verstehen, warum sich Menschen negativ verhalten.
Es ist entscheidend, Empathie und Verständnis für die Person zu entwickeln, die Sie verletzt hat. Nicht, dass Sie ihr Verhalten in irgendeiner Weise entschuldigen oder verteidigen. Es bedeutet nur, dass Sie sich bemühen, ihre Handlungen zu verstehen.

Warum haben sie so gehandelt, wie sie es getan haben? Was auch immer die Umstände sein mögen, Menschen sind fehlbar und werden einander unvermeidlich verletzen und enttäuschen. Es wird immer mehr an der Erzählung geben, aber dies ist ein wichtiger Punkt, an den man sich erinnern sollte.

Schritt 4: Präsentieren
Akzeptiere ihre Vergebung, auch wenn (oder wann) sie es nicht verdienen. Es könnte so einfach sein wie zu erklären: „Ich entscheide mich, dir zu vergeben." Dies ist eine gnädige und barmherzige Handlung gegenüber einem anderen. Es offenbart, dass Sie ihnen vergeben, und dient als Modell dafür, wie Christus ihnen vergibt.

Vergebung ist zwar schwierig, aber möglich. Wenn du den weniger frequentierten Weg gehst, wirst du Befreiung von Bitterkeit erfahren, und Christus verspricht, dass auch dir vergeben wird.

QUIZ ZUM THEMA VERGEBUNG

Sind Sie ein Mensch, der vergeben kann? Wenn Ihnen jemand Unrecht tut, werden Sie dann eher taub sein, seine Reifen aufschlitzen oder beides?

Das folgende Quiz basiert auf einer Skala, die vom Vergebungspionier Michael McCullough und seinen Kollegen entwickelt wurde, und gibt einen Einblick in unsere Reaktionen auf diejenigen, die uns Unrecht tun.

Bevor Sie mit dem Quiz beginnen, denken Sie an jemanden, der Ihnen Unrecht getan hat – ein Freund, ein Ehepartner, ein Familienmitglied oder ein Kollege. Beantworten Sie dann unter Berücksichtigung dieser Person ehrlich die folgenden 12 Fragen und geben Sie an, wie sehr Sie jeder Aussage zustimmen oder nicht zustimmen.

Wenn Sie fertig sind, erfahren Sie Ihre Punktzahl und was sie über Ihre typische Reaktion auf unfaire Behandlung aussagt.

Alle hier eingereichten Antworten werden niemals mit anderen Organisationen als dem Greater Good Science Center geteilt. Alle Antworten sind anonymisiert und werden nur aggregiert analysiert.

Das Quiz machen

1. Er/Sie muss bezahlen, für was mir angetan wurde
- Ich stimme entschieden nicht zu
- Ich stimme nicht zu
- Neutral
- Ich stimme zu
- Ich stimme entschieden zu

2. Ich behalte einen Abstand zwischen uns
- Ich stimme entschieden nicht zu
- Ich stimme nicht zu
- Neutral
- Ich stimme zu
- Ich stimme entschieden zu

3. Ich will ihn/sie leiden sehen
- Ich stimme entschieden nicht zu
- Ich stimme nicht zu
- Neutral
- Ich stimme zu
- Ich stimme entschieden zu

4. Ich führe mein Leben, als ob er/sie nicht existiert
- Ich stimme entschieden nicht zu
- Ich stimme nicht zu
- Neutral
- Ich stimme zu
- Ich stimme entschieden zu

5. Ich stimme voll und ganz zu
- Ich stimme entschieden nicht zu
- Ich stimme nicht zu
- Neutral
- Ich stimme zu
- Ich stimme entschieden zu

6. Ich möchte, dass er/sie das erhält, was ihm/ihr zusteht
- Ich stimme entschieden nicht zu
- Ich stimme nicht zu
- Neutral
- Ich stimme zu
- Ich stimme entschieden zu

7. Es fällt mir schwer, ihm/ihr gegenüber herzlich zu sein
- Ich stimme entschieden nicht zu
- Ich stimme nicht zu
- Neutral
- Ich stimme zu
- Ich stimme entschieden zu

8. Ich meide ihn/sie
- Ich stimme entschieden nicht zu
- Ich stimme nicht zu
- Neutral
- Ich stimme zu
- Ich stimme entschieden zu

9. Ich werde mich rächen
- Ich stimme entschieden nicht zu
- Ich stimme nicht zu
- Neutral
- Ich stimme zu
- Ich stimme entschieden zu

10. Ich habe die Verbindung zu ihm/ihr beendet
- Ich stimme entschieden nicht zu
- Ich stimme nicht zu
- Neutral
vIch stimme zu
- Ich stimme entschieden zu

11. Ich möchte ihn/sie bezahlen lassen
- Ich stimme entschieden nicht zu
- Ich stimme nicht zu
- Neutral
- Ich stimme zu
- Ich stimme entschieden zu

12. Ich distanziere mich von ihm/ihr
- Ich stimme entschieden nicht zu
- Ich stimme nicht zu
- Neutral
- Ich stimme zu
- Ich stimme entschieden zu

Wenn dir dieser Titel gefallen hat und du über andere interessante Themen lesen möchtest, die mein Leben verändert haben, dann schau dir meine neuen Bücher auf Amazon oder meiner Website an: www.my-mindguide.com.

Lasst uns auch über die sozialen Medien in Verbindung bleiben. Bitte schreibe mir auf Facebook oder Instagram, und halte dich über Updates auf dem Laufenden! Du kannst mir auch gerne direkt deine Gedanken mitteilen: gassner@my-mindguide.com. Im Gegenzug schicke ich dir eine wunderschöne Infografik, die du ausschneiden und einrahmen kannst.

Bitte schreibe auch eine Rezension auf Amazon, denn so kann ich ein noch größeres Publikum erreichen. Vielen Dank für deine Zeit, deinen Einblick und deinen unstillbaren Wissenshunger!

Ich möchte mich bei meiner geliebten Frau Anneliese bedanken, die immer geduldig ist und ein offenes Ohr für meine verrückten Ideen hat. Ich danke all meinen Kollegen, Kunden, Freunden und Familienmitgliedern, die alle dazu beigetragen haben, was ich heute bin.

Ich möchte mich auch bei Gabriel Palacios bedanken. Er ist der König der Hypnotherapie und ein Schweizer Bestsellerautor, der diesem alten Fuchs neue Tricks beigebracht hat und mich tief in das Geheimnis der Hypnotherapie eintauchen ließ. Ich habe auf dieser Reise so viel gelernt, dass ich jetzt selbst ein zertifizierter Master-Hypnose-Coach und Gesprächscoach bin!

Außerdem möchte ich mich bei den fantastischen Lehrern von SAMYANA/Bali bedanken, die mich zu einem zertifizierten Yoga- und Meditationslehrer ausgebildet haben.

Nicht zuletzt gilt mein besonderer Dank meinem Meisterlehrer Eckhard Wunderle, der für mich fast ein Heiliger ist. Er hat mich in die Welt der Meditation eingeführt und mich all die Wunder, die sie zu bieten hat, entdecken lassen. Ich könnte nicht stolzer sein, dass ich meine Zertifizierung als Meditationslehrer direkt von ihm am Institut für Spirituelle Psychologie erhalten habe.

Ich wünsche euch allen Frieden, Liebe und Glück - bis zum nächsten Mal!

Über den Autor

Kurt Friedrich Gassner hat im Laufe seines Lebens viele Rollen getragen, darunter unter anderem Serienunternehmer, Kreativdirektor, Meditationslehrer, lizenzierter Hypnotherapeut und in jüngster Zeit Autor zur Selbstverbesserung. Er nutzt seinen Erfahrungsschatz und sein fundiertes Wissen über Psychologie und gibt seinen Lesern die Werkzeuge an die Hand, die sie benötigen, um ihr unendliches Potenzial freizusetzen.

Als produktiver Selbsthilfeautor hat Kurt die folgenden Bücher verfasst: *The Art Of Forgiveness, Lie Or Die, Soul-Match, Can You Inherit a Poisoned Mind?* und *The Power Of Poverty*. Er ist auch Autor eines Kinderbuch-Bestsellers im deutschsprachigen Raum und hat über 20 Bücher in Arbeit.

Wenn es um dauerhaften Erfolg geht, versteht Kurt, dass finanzieller Wohlstand nicht der einzige Aspekt ist, den man anstreben sollte. Er mag ein Selfmade-Millionär sein, aber was sein Leben wirklich verändert hat, ist die Beherrschung seines Unterbewusstseins. Beharrlichkeit, persönliche Stärke, Selbstbewusstsein und das Lernen aus vergangenen Fehlern waren Schlüsselfaktoren, um seine Träume zu verwirklichen

– und er strebt danach, diese Weisheit durch sein Schreiben an andere weiterzugeben.

In seiner Freizeit reist Kurt Friedrich Gassner entweder um die Welt, spielt Golf, radelt in den Alpen, wandert oder verbringt viel Zeit mit seinen Liebsten. Seit 37 Jahren ist er glücklich verheiratet und Vater zweier erfolgreicher Kinder. Derzeit lebt er sowohl in München, Deutschland, als auch in Kirchberg, Österreich.oo

Bitte hinterlassen Sie einen Kommentar auf Amazon, besuchen Sie mein Facebook- oder Instagram-Profil profil , oder senden Sie mir eine E-Mail: gassner@my-mindguide.com.

ANDERE BÜCHER DES AUTORS

BÜCHER VOM AUTOR IN DEUTSCHER AUSGABE